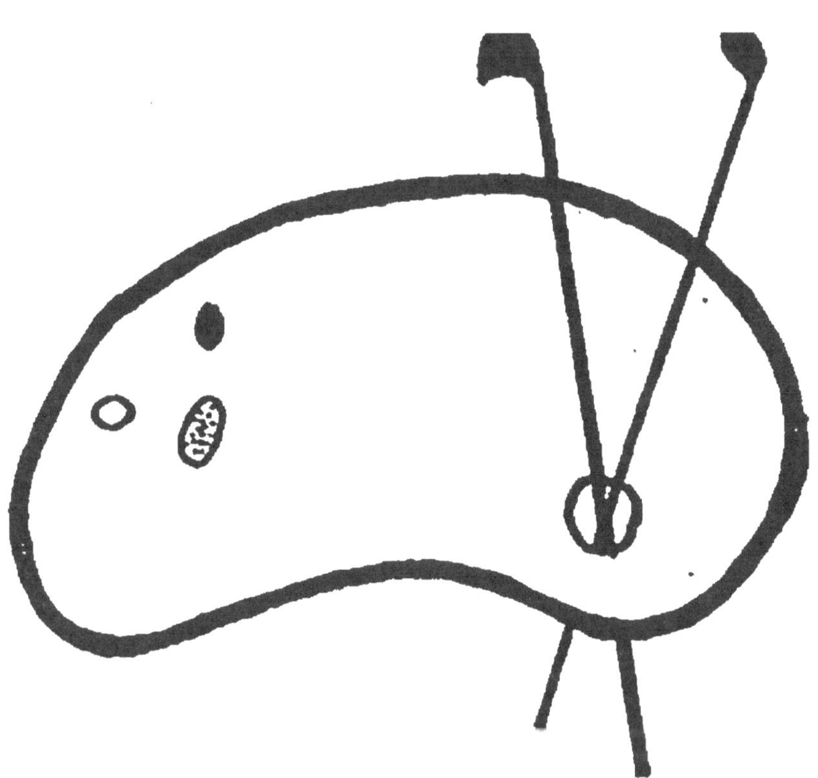

DEBUT D'UNE SERIE DE DOCUMENTS

A CUBA

L'INSURRECTION CUBAINE

DE FÉVRIER 1895 A MAI 1896

PAR

P. ESPINASSE-SECONDAT

Correspondant de *La Revista Blanca* de la Havane

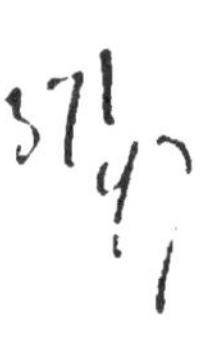

PARIS

HENRI CHARLES-LAVAUZELLE

Éditeur militaire

Boulevard Saint-Germain, 118, Rue Danton, 10

(MÊME MAISON A LIMOGES)

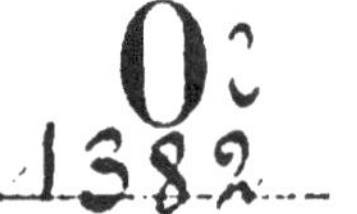

Librairie militaire Henri CHARLES-LAVAUZELLE

Paris et Limoges.

Règlement du 1er septembre 1888 sur les manœuvres de l'infanterie allemande (2e édition, 1897). — Vol. in 32 de 196 p., relié toile..... 2

Règlement du 12 février 1887 sur le tir de l'infanterie allemande, avec figures et 1 planche. — Vol. in 32 de 130 pages, relié toile.... 2 50

Traduction française du règlement sur les manœuvres de la cavalerie allemande, du 16 septembre 1895. — Volume in-18 de 242 pages, avec croquis et sonneries réglementaires....................... 2 »

Règlement sur le tir du canon de l'artillerie à pied de l'armée allemande, traduit par P. Varbao, capit. d'artill. — Br. in 8 de 40 p. 1 »

Étude sur le réseau ferré allemand au point de vue de la concentration. Ouvrage accompagné d'une carte des chemins de fer allemand (2e édition). — Brochure in 8 de 32 pages..................... » 75

Aide-mémoire de l'officier français en Allemagne, par P. de Pardiellan, avec 4 gravures hors texte représentant les uniformes de l'armée allemande et de feuillets blancs pour notes. — Vol. in 32 de 160 p., rel. 2 50

L'armée allemande telle qu'elle est, par P. de Pardiellan. — Volume in 18 de 268 pages, couverture en chromo lithographie............. 3 50

Les mœurs politiques des Allemands, par P. de Pardiellan. — Volume in-18 de 224 pages... 3 50

L'administration militaire austro-hongroise, son organisation et son fonctionnement en temps de paix et en temps de guerre, par L. Dupais, sous-intendant militaire de 2e classe. — Volume in-8 de 368 pages, avec croquis et tableaux....................................... 7 »

Campagne de 1866. — Sadowa. Étude de la bataille au point de vue de l'emploi de la cavalerie. — Brochure in-8 de 96 pages............. 2 »

L'armée italienne en 1895, par A. Pinardi, député de la Savoie. — Brochure in-18 de 64 pages....................................... 1 »

L'administration militaire italienne, son organisation et son fonctionnement en temps de paix et en temps de guerre, par L. Dupais, sous-intendant militaire de 2e classe. — Volume in-8 de 280 pages...... 3 50

Traduction française du règlement du 16 septembre 1896 sur le service en campagne de l'armée italienne. — Volume in-18 de 164 pages, avec figures et 1 planche en couleur des fanions.............. 2 »

Traduction française du règlement sur les exercices de la cavalerie italienne du 16 janvier 1896. — Vol. in-18 de 136 p. avec 24 croq... 1 50

Règlement du 23 novembre 1888 sur le tir de l'infanterie italienne, traduit par le lieutenant Jaguin, du 137e d'infanterie. — Volume in 32 de 100 pages, relié toile.................................... 2 50

Instruction pour les formations de guerre, l'équipement et la mobilisation de l'armée italienne, traduction française par le commandant Soulié, du 40e régiment d'infanterie. — Vol. grand in-8 de 708 p. 16 »

Règles générales pour l'emploi des trois armes dans le combat, traduction française par le commandant Soulié, du 40e d'infanterie, avec 3 planches et un graphique en trois couleurs indiquant un exemple du développement normal d'une attaque exécutée par des troupes encadrées contre des troupes également encadrées. — Brochure in-8 de 72 p. 2 »

Instruction pour les convois alpins dans l'armée italienne, traduction française par le commandant Soulié, du 40e d'infanterie. — Brochure in-8.. 2 »

Études critiques sur la guerre entre l'Italie et l'Abyssinie, par le général Lecomte. — Brochure in-8 de 72 pages, avec 2 cartes...... 1 50

Rapport du général Lamberti, vice-gouverneur de l'Erythrée, sur la bataille d'Adoua (1er mars 1896). — Brochure in-8 de 64 pages avec 5 cartes dans le texte.. 1 50

Les Italiens en Erythrée. Quinze ans de politique coloniale, par C. de la Jonquière, capitaine d'artillerie breveté. — Volume in-8 de 352 pages, avec 10 cartes... 5 »

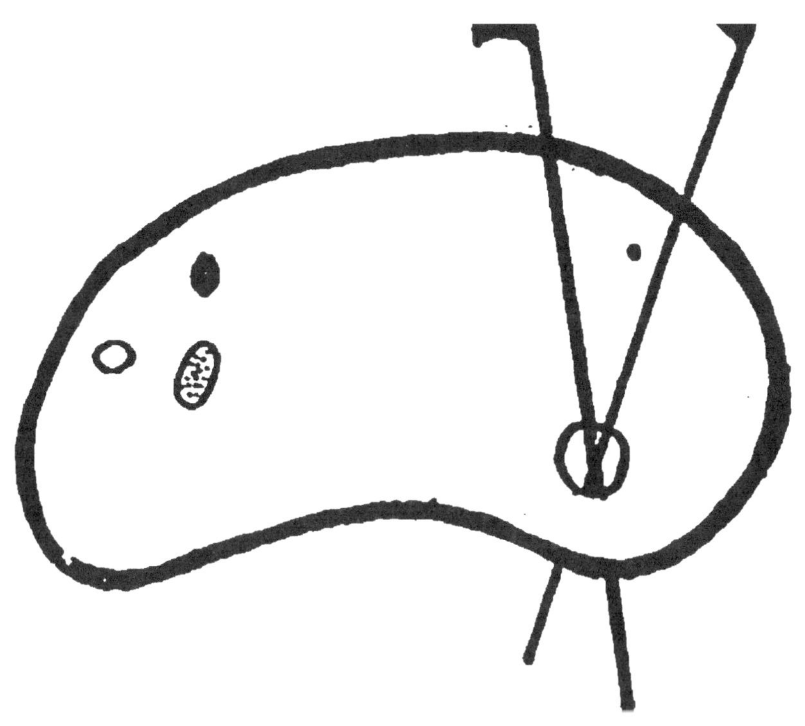

FIN D'UNE SERIE DE DOCUMENTS
EN COULEUR

A CUBA

L'INSURRECTION CUBAINE

DE FÉVRIER 1895 A MAI 1896

A CUBA

L'INSURRECTION CUBAINE

DE FÉVRIER 1895 A MAI 1896

PAR

P. ESPINASSE-SECONDAT

Correspondant de La Revista Blanca de la Havane

PARIS

HENRI CHARLES-LAVAUZELLE

Éditeur militaire

11, PLACE SAINT-ANDRÉ-DES-ARTS, 11

—

(Même maison à Limoges.)

A Monsieur Gaston Lacaze

HOMME DE LETTRES ET JOURNALISTE

HOMMAGE RESPECTUEUX

AVANT-PROPOS

Maintenant que la guerre de Cuba occupe l'esprit de l'opinion publique, il nous a paru opportun de réunir des notes — prises pendant un séjour sur le théâtre de la guerre — en un résumé succinct, mais exact.

Cette étude est tout simplement un recueil alimenté par des sources diverses : officiers de l'armée espagnole et des troupes insurgées, membres de la presse havanaise, simples particuliers, hommes de troupe. Nous avons aussi largement puisé dans l'intéressante *Guerra de Cuba* de don V. Suarez Casan et dans les informations des journaux cubains et américains. A tous, nous leur disons de grand cœur : merci.

Notre but, en esquissant cette question si inextricable, a été de rester dans la plus stricte impartialité. *Amicus Plato, sed magis amica veritas.*

Si cette étude, faite à grands traits peut intéresser le public — désorienté par des nouvelles publiées avec une telle ignorance des lieux, des hommes et des choses qu'il n'est pas permis d'avoir pour les régions du Continent noir — ce sera la plus grande satisfaction de

L'AUTEUR.

PRÉFACE

La guerre des insurgés cubains contre l'Espagne a ceci de particulier que les deux adversaires en présence sont, aux yeux du spectateur impartial, aussi dignes l'un que l'autre de sympathie et même d'admiration.

Certes, il n'en est pas ainsi dans toutes les guerres. Celle qui vient d'avoir lieu entre la Turquie et la Grèce, pour ne citer que celle-là, a été loin de présenter ce caractère. Les États pour des motifs politiques, les Banques pour des raisons financières, ont pu favoriser et désirer la victoire des Ottomans, mais les hommes de cœur de tous les pays ont sympathisé avec la Grèce malheureuse. Ceux qui ont admiré l'armée turque à l'occasion de quelque brillant fait d'armes ne l'ont fait, pour ainsi dire, qu'à regret, ne pouvant s'empêcher de voir toujours, sur l'épée de la Turquie, les taches indélébiles du sang des Arméniens égorgés.

Rien de tel dans la guerre qui fait le sujet de ces pages. Si nous regardons du côté de l'Espagne, qu'y voyons-nous? Un peuple décidé à sauvegarder par tous les moyens en son pouvoir ce qui lui reste de ses possessions lointaines, et à défendre énergiquement, contre les entreprises de ses agresseurs, les derniers fleurons de sa couronne coloniale. Qui oserait le blâmer de cette attitude? Qui n'admirerait l'héroïsme incomparable avec lequel il soutient ses droits? Dès le début des hostilités, l'Espagne s'est montrée résolue à tous les sacrifices, et, depuis lors, elle n'a cessé de prodiguer son sang et son or pour disputer à la révolte, tant à Cuba qu'aux Philippines, ces terres qu'une longue possession a faites siennes. Ses enfants tombent par milliers sous les balles de l'ennemi ou sous les étreintes de la fièvre, plus dangereuse souvent pour eux, en ces climats meurtriers, que les projectiles des champs de bataille, et l'Espagne ne cède pas. Elle ne cédera jamais, tant qu'il lui restera un souffle de vie. Elle a écrit sur le drapeau qu'elle déploie fièrement dans ces combats un mot, grand et sublime entre tous : Patriotisme!

Mais sur le drapeau des insurgés cubains, nous lisons un mot non moins grand et non moins sublime, le mot sacré de Liberté. Ils combattent pour être libres, pour redevenir maîtres de leurs destinées, pour secouer un joug qui n'a rien que d'honorable, mais qui n'en est pas moins un joug; or, le désir de l'indépendance a quelque chose en lui de si noble et de si pur, qu'il grandit et ennoblit toujours ceux qui le portent dans le cœur; et la cause de la liberté est si respectable et si sainte qu'elle fait des héros et des martyrs de ceux qui combattent et qui meurent pour elle.

Prodiguer toute sa sympathie soit à l'un, soit à l'autre de ces pays belligérants, sans en garder une bonne part pour son adversaire, ce serait juger les événements en combattant espagnol ou insurgé, d'une manière légitime mais nécessairement étroite. De part et

d'autre ces belligérants méritent l'estime et le respect
de l'étranger, parce que, de part et d'autre, ils luttent
vaillamment pour une cause honorable. Mais ce n'est
pas une de ces causes en particulier que l'écrivain
impartial doit adopter et défendre, quand il se propose
de raconter l'histoire de l'insurrection cubaine, c'est
la cause encore plus haute et plus vénérable de la vé-
rité. Dire vrai en tout et partout, tel doit être et demeu-
rer son but. M. Paul Espinasse-Secondat l'a compris,
et c'est pourquoi, toujours consciencieux et véridique,
il a écrit l'étude qu'on va lire, non pas avec l'exclu-
sivisme passionné de l'homme de parti, mais avec la
calme impartialité de l'historien.

C'est là un des principaux mérites de son livre,
mais disons vite que ce n'est pas le seul. L'auteur a
tour à tour vécu en Espagne et à Cuba. Il connaît les
pays dont il parle, et il a recueilli sur les lieux mê-
mes les éléments de son ouvrage. Ce n'est pas là un
mince mérite, si on songe aux nombreux écrivains
qui décrivent ce qu'ils n'ont jamais vu et parlent de
ce qu'ils ne connaissent pas. Quelques-unes des notes
qui ont servi de base à ce volume ont été écrites par
l'auteur en Espagne, sous l'inspiration de gens pro-
fondément versés dans la question cubaine; d'autres
ont été crayonnées à Cuba sur le théâtre de la guerre
et au bruit de la fusillade. De cet ensemble d'informations précises résulte une œuvre solide et forte, pleine
de documents sérieux, et écrite, ce qui ne gâte rien,
en une langue à la fois simple et élégante, d'une lecture facile et agréable.

S'il m'est permis de clore cette préface par un vœu
relatif aux affaires de Cuba, je souhaite qu'une paix

définitive s'établisse là où si longtemps ont régné les horreurs de la guerre : ce qu'il faut chercher et trouver, c'est une solution qui donne, autant que possible, satisfaction aux deux partis en cause. Il semble que l'autonomie plus ou moins grande de l'Ile sous la suzeraineté de l'Espagne pourrait résoudre ce problème, si elle comportait de sages et intelligentes réformes. Mais, quelle que soit la solution intervenue, que du moins elle soit durable ; et puisse l'entente se faire à jamais entre deux ennemis qui, depuis trop longtemps, se combattent et se haïssent, alors qu'ils ne sont faits que pour se comprendre et pour s'aimer.

Gaston LACAZE.

A CUBA

L'INSURRECTION CUBAINE

DE FÉVRIER 1895 A MAI 1896

I

Coup d'œil géographique.

Situation. — L'île de Cuba, s'étendant du 19°48' au 23°11' de latitude nord et du 76°30' au 87°12' de longitude ouest, est la plus grande et la plus riche des Antilles. Aussi a-t-elle été surnommée avec raison *la Perla de las Antillas.*

Elle est bornée au nord par le golfe du Mexique, le canal de la Floride et le vieux canal de Bahama; à l'est, par le canal du Vent, qui le sépare de Haïti; au sud, par la mer des Antilles; à l'ouest, par le golfe du Honduras et le canal du Yucatan.

Sa forme irrégulière est allongée de l'est à l'ouest. Elle a 1.150 kilomètres de longueur de l'est à l'ouest, sur une largeur minima de 45 kilomètres. La superficie est de 118.833 kilomètres carrés. Les côtes, assez découpées et entourées d'une infinité d'îlots et d'écueils, rendent la navigation difficile et dangereuse.

Orographie et hydrographie. — Cuba est hérissée de montagnes au centre et surtout aux extrémités. Le pic de *Turquino* (2.800 mètres), *la Grand Piedra* (1.900 mètres), *la sierra del Cobre* (1.213 mètres), l'*Ojo del Toro* (1.200 mètres), dans l'est; le pic de *Potrerillo* (1.094 mètres), au centre; le *Pan de Guaijabon* (947 mètres), à l'ouest, sont les sommets les plus élevés. Entre les montagnes s'ouvrent la région déserte du Camaguey, le pays plat de *las Villas* (1) et les riches provinces de Matanzas et de la Havane. Là, coulent des rios aux multiples arroyos qui, gonflés durant la saison des pluies, débordent et couvrent le pays de vastes nappes d'eau.

Parmi les principaux cours d'eau, on remarque le *rio Canto* qui prend sa source dans la *sierra del Cobre* et se jette dans la mer des Antilles après un parcours de 255 kilomètres; le *rio de los Negros*, le *Jatibonico del Sur* et la *Saza*, tributaires de la mer des Antilles; la *Sagua*, qui tombe dans le canal de Bahama.

Flore et faune. — A Cuba, comme dans tous les pays tropicaux, la nature s'est montrée prodigue de ses dons.

Une végétation luxueuse, inextricable, enchevêtrée, couvre la plaine et la montagne. C'est à coups de *machete* (2) qu'on s'ouvre un passage temporaire dans la forêt vierge. Là, se croisent dans un magnifique désordre les majestueux palmiers et le *seiba* au violet foncé, l'ébénier et l'acajou, le cèdre et l'acacia, le chêne et le pin, le gaïac, l'oranger et le citronnier. C'est un mur à l'accès difficile, c'est une voûte sombre et majestueuse.

(1) On appelle ainsi la région comprise entre les cinq villes de Santa-Clara, Cienfugos, Sagua, Remedios et Sancti-Spiritus, cités fondées par Velasquez.

(2) C'est un long coutelas à lame droite, sans garde, dont usent les indigènes pour la coupe de la canne à sucre.

La *manigua* avec ses herbes touffues, ses broussailles inextricables, est un asile sûr pour l'indigène et une embûche perpétuelle pour l'étranger. C'est la brousse du Dahomey.

Des plantes aux fruits exquis, aux fleurs éclatantes, aux vives couleurs et aux délicieux parfums étalent leurs richesses. La banane, à la saveur cotonneuse et sucrée; le manioc, qui donne une farine excellente dont on fait le pain de cassave; l'igname, qui fournit par sa racine une substance alimentaire; la goyave, la vanille et l'orange, au parfum délicieux; l'ananas, au fruit sucré et au vin parfumé; le tamarinier, dont on tire une boisson rafraîchissante; le gingembre et le piment, auxquels se plaisent les estomacs créoles, croissent en abondance.

De nombreux oiseaux au brillant plumage, tels que les perroquets, peuplent les forêts. On pêche de grandes variétés de poissons dans les rivières et dans les baies; on rencontre des huîtres fixées aux branches inférieures des palétuviers.

Mais il y a aussi ce qui constitue les inconvénients de la vie tropicale : les reptiles, les scorpions, les cancrelats, les araignées, les fourmis, les moustiques, les *niguas* et les mouches aux trois cents espèces. Les caïmans pullulent dans les *rios*.

Climat. — L'île de Cuba est comprise dans la région torride. On y distingue deux saisons : celle de la sécheresse, d'octobre à juin; celle des pluies, de juin à octobre. Tandis que, dans la première, on jouit de la fraîcheur, on éprouve, durant la seconde, de la chaleur, de l'humidité, des ouragans et des tremblements de terre.

La température moyenne est de 25 degrés dans la saison sèche et de 29 degrés dans celle des pluies. Pendant la durée de cette dernière, la chaleur accablante, jointe à l'humidité, fait naître sur les côtes et dans les plaines des maladies meurtrières, surtout pour l'Européen. La fièvre jaune, le paludisme, la dysenterie, l'hépatite y exercent leurs ravages. Mais on ignore leur nocive influence sur les hauts plateaux. A une altitude de 600 mètres, la fièvre jaune disparaît; on est préservé des autres affections à 300 mètres. C'est le seul spécifique employé efficacement contre le *vomito*, en attendant que des essais tentés à la Havane puissent trouver une vaccination nouvelle.

Agriculture. — Le sol, d'une fertilité remarquable, produit le tabac, le café, la canne à sucre, le cotonnier, le maïs, le millet, le riz, le cacao, l'indigo, le bananier. Utile pour l'alimentation, douée de qualités médicamenteuses, la banane est l'une des principales richesses des Antilles. On peut obtenir communément deux récoltes par an. On élève beaucoup de bestiaux, de chevaux, de moutons, de chèvres et de porcs.

Commerce et industrie. — La colonie fait un grand commerce avec les Etats-Unis et l'Europe, dont le total s'élève à 700 millions de pesetas. Le tabac, le café, le sucre, les fruits, les bois pour les constructions et pour l'ébénisterie constituent les principaux articles du commerce d'exportation. On y importe des grains, des farines, des faïences.

Il existe de nombreux *ingenios* ou raffineries de sucre, des fabriques de tabac, de cuirs et des distilleries.

Administration. — Cuba forme, avec l'île des *Pinos* et autres îlots, un gouvernement colonial espagnol dont le siège est à la Havane. Le pouvoir suprême, civil et militaire, est aux mains d'un capitaine général, gouverneur général, assisté d'un conseil d'administration.

La colonie est partagée en six provinces : Pinar del Rio, la Havane, Matanzas, Santa-Clara, Puerto-Principe et Santiago de Cuba. Chaque province se divise en un certain nombre de *partidos judiciales* ou districts, subdivisés eux-mêmes en *ayuntamientos* ou communes. Un gouverneur civil — auprès duquel est une *diputacion provincial* ou conseil général — et un officier général, gouverneur militaire, sont les représentants du gouverneur général dans les chefs-lieux de chaque province. Les *partidos judiciales* et *ayuntamientos* sont administrés par des *alcaldes* ou maires, secondés par un *ayuntamiento* ou conseil municipal.

La Havane (239.790 habitants), sur une baie de la côte septentrionale, capitale de l'île et place forte, est l'un des plus beaux et des plus vastes ports du monde. Sa rade est défendue par les forts de la Cabana, del Principe, del Morro, de la Punta, de Atarés, et diverses batteries. La seconde ville est Santiago de Cuba (70.300 habitants), place forte et port important à l'est. On peut citer encore Matanzas (46.000 habitants), bon port au nord, et Puerto-Principe (40.000 habitants) au centre.

Troupes d'occupation. — L'effectif normal du corps d'occupation est de 19.000 hommes. Outre les diverses armes, il faut noter pour mémoire le corps militaire de police, *orden público*, de la Havane, comprenant quatre compagnies d'infanterie et une section montée. Toutes ces forces sont réparties dans les villes suivant les ressources du casernement ou préposées à la garde des *ingenios* et des forts de l'intérieur.

Marine. — Le service de la marine est dirigé par un contre-amiral, commandant général de l'*apostadero* ou station navale.

Justice. — La justice est rendue à la Havane et à Puerto-Principe par une *audiencia territorial*, avec premier président, deux présidents de chambre, neuf conseillers, un parquet (*fiscal* ou procureur et *teniente fiscal* ou substitut) et greffier, pour les matières civiles et criminelles. Des *juzgados de primera instancia*, avec juge, *promotor fiscal* ou ministère public et greffier, sont établis dans les chefs-lieux des autres provinces. Il existe dans les districts et certaines communes importantes des *juzgados municipales*, avec juge, suppléant et secrétaire.

Cultes. — Le catholicisme est la religion dominante. Il

y a un archevêché à Santiago de Cuba et un évêché à la Havane.

Instruction publique. — L'université de la Havane, fondée en 1728, possède cinq facultés : lettres et philosophie, sciences, droit et notariat, médecine, pharmacie. On compte dans chaque province un *Instituto provincial de 2ª ensenanza*, ou lycée, et un certain nombres d'écoles primaires. Il existe des séminaires à la Havane et à Santiago de Cuba.

Travaux publics. — La principale ligne de chemin de fer est celle qui relie la Havane à Villa-Clara, avec embranchements sur Guanajay, Batabano, Matanzas, Cardenas, Cienfuegos et Sagua. Puerto-Principe est unie à Nuevitas par une voie ferrée. On remarque aussi la ligne de Santiago de Cuba au Cobre. L'étendue des voies ferrées exploitées est de 1.700 kilomètres. Le réseau télégraphique compte 36.000 kilomètres. Les montagnes recèlent des mines d'argent, de fer, de cuivre et de platine.

Population. — La population totale s'élève à 1.623.743 habitants et se compose d'européens, de créoles, de nègres, de mulâtres, de quarterons. Les créoles ou *guajiros* tirent leur origine en majeure partie de Galiciens ou de Canariotes. On rencontre aussi quelques descendants de familles françaises émigrées à Cuba lors de l'insurrection de Saint-Domingue en 1792. Actif, passionné, hospitalier, sobre, le Cubain a la ténacité, l'orgueil et le bouillant courage de l'Espagnol.

II

Quelques mots d'histoire.

Découverte le 27 octobre 1492 par l'immortel Christophe Colomb, l'île de Cuba ne fut occupée par l'Espagne qu'en 1501. Le gouverneur espagnol d'Hispaniola ou Haïti, Diego Colomb y envoie une expédition de 300 hommes, sous le commandement de Velasquez. Les naturels qui résistent sont impitoyablement massacrés; les autres, effrayés, se soumettent.

Velasquez fonde plusieurs villes, mais rend son nom tristement célèbre par sa cruauté envers les indigènes. Traqués comme des fauves, soumis à un joug rigoureux, ils succombent aux pénibles travaux des mines et leur race disparaît peu à peu.

C'est en vain que s'élève la voix du généreux Bartolomé de Las Casas, chapelain du gouverneur. On reste sourd à ses principes humanitaires : *cor clamantis in deserto.*

En 1524, on commence à introduire la race noire à Cuba pour les travaux de la culture de la canne à sucre.

Les xvi°, xvii° et xviii° siècles sont témoins des agressions répétées des Anglais et des Français contre Cuba. En 1762, la Havane est obligée de se rendre aux Anglais après un siège de 67 jours. Le traité de Versailles rendit la Havane à sa métropole.

Depuis longtemps l'œuvre de la conquête était terminée et l'heure de l'action civilisatrice, de la concession des libertés avait sonné. Mais le plus grand souci, depuis le gouverneur jusqu'au plus infime employé, était de s'enrichir le plus vite possible. La vénalité, les exactions, les malversations étaient alors choses communes. On avait à craindre les arrestations et les déportations arbitraires. Le créole n'avait droit à aucun emploi public : le péninsulaire en avait le monopole. Une sourde irritation agitait la colonie contre sa métropole; il ne fallait qu'une étincelle pour la faire jaillir.

A ce moment éclate l'ère sanglante de la Révolution française. Saint-Domingue se détache de la France et les colonies espagnoles du centre et du sud de l'Amérique se révoltent et proclament leur indépendance. Cet exemple était contagieux. Cuba voulut marcher sur ces traces.

La conspiration de 1823 et les tentatives insurrectionnelles de 1826 et de 1828 sont promptement étouffées. Néanmoins des comités secrets s'organisent; des réunions clandestines se tiennent périodiquement; des vœux pour la réforme des institutions coloniales ou pour l'indépendance sont émis. Il y avait des adhérents, mais il manquait une tête, un chef.

On le trouva dans le général espagnol Lopez.

Né en 1799, Narciso Lopez combattit en Amérique et se distingua dans la première guerre carliste. Sa carrière militaire fut rapide. On le trouve ensuite à Cuba, où il sert en qualité de gouverneur de Trinidad. Entreprenant, il écoute les propositions des mécontents et s'apprête à demander, les armes à la main, des réformes pour Cuba. Ses appels aux armes de 1850 et 1851 restent sans succès. Fait prisonnier, Lopez périt par le supplice du *garrote*.

La mort de Lopez n'arrêta point l'ère des conspirations. Celles de 1853 et de 1854 furent découvertes et rigoureusement châtiées. La répression de la dernière valut au gouverneur, le général de la Concha, le titre de marquis de la Havane. La rancune sommeillait au cœur des dissidents. Ils n'attendaient qu'un moment favorable pour montrer au grand jour leurs sentiments hostiles. Avec la révolution espagnole de septembre 1868 arriva l'occasion propice. Elle fut saisie avec empressement par le séparatiste Cespedes.

Né à Bayamo (province de Santiago) en 1817, Carlos Manuel de Cespedes fit ses études et prit ses grades universitaires en Espagne. Il s'établit ensuite à Cuba comme avocat. Il devait être tué en 1874, après avoir exercé quelque temps les fonctions nominales de président de la République cubaine.

Le 10 octobre 1868, Cespedes, secondé par les anciens chefs de *guerillas* mexicaines, Marcano et Marmol, arbore à Yara (province de Santiago), le drapeau de l'indépendance aux cris de : Vive Cuba libre! Il n'a qu'une troupe de 147 hommes mal armés, mais « le succès est souvent un enfant de l'audace. »

L'effectif se chiffre : 4.000 hommes en novembre et 10.000 deux ans après. Par d'heureux coups de main, les villes de Bayamo, d'Holguin, de Mayari sont occupées par les insurgés. Malgré leur échec devant Las Tunas, leur zone d'influence s'étend rapidement dans l'est; le général insurgé Gomez envahit le centre. Mais l'imprévoyance et la ruine de la *Junta* révolutionnaire, l'épargne des munitions, les discordes intestines et les défections jettent le découragement dans le camp séparatiste. Le général Martinez Campos, gouverneur général de Cuba, profita habilement de ces circonstances en amenant la paix de Zanjon (10 février 1878). Les rebelles capitulaient et la métropole, oubliant le passé, montrait son intention d'entrer dans la voie des réformes.

Malgré les tentatives insurrectionnelles de 1879, 1880, 1885, 1893 et les tristes exploits des bandits Manuel Garcia, Matagas et Mirabal, la colonie florissait. Un décret royal y abolissait l'esclavage en 1886. Mais la guerre se préparait sourdement et la tranquillité allait faire place à la dévastation.

III

Tactique de la guerre.

Avant de continuer le récit de l'insurrection, il est indispensable de faire deux légères digressions : sur la tactique et l'organisation des deux adversaires.

Cuba est, par sa topographie et son insuffisance de voies ferrées, un de ces pays où une bataille ne décide pas du sort d'une campagne. Dans ses épaisses forêts, dans ses abruptes montagnes et surtout dans sa mystérieuse *manigua*, une poignée d'hommes déterminés peuvent tenir tête à une nombreuse armée. Une guerre spéciale s'impose, celle des partisans.

C'est cette guerre que la France rencontra en Espagne, de 1808 à 1813 et au Mexique, de 1861 à 1867.

La tactique, pratiquée par les insurgés, consiste à éviter toute bataille rangée dont l'issue leur serait désavantageuse, grâce aux défectuosités de leur organisation, de leur discipline et de leur artillerie ; à tomber à l'improviste sur des détachements disséminés et à harceler par des feux de tirailleurs les colonnes en marche ; à tenter une charge à l'arme blanche, si la position de l'ennemi est désavantageuse ou si son effectif est peu considérable et, dans le cas contraire, à battre en retraite en rampant à la façon des reptiles et en disparaissant dans un labyrinthe de forêts, de montagnes et de défilés dont les pistes sont inconnues aux troupes espagnoles ; à intercepter les convois de vivres et de munitions et à provoquer le déraillement des trains ; à détruire les voies ferrées, les ponts et les lignes télégraphiques; à saccager et à incendier les bourgs et les hameaux.

C'est une guerre de surprises et d'embuscades, une lutte sans merci que signalent parfois d'effrayantes atrocités, une guerre qui rappelle celle des Vendéens et des camisards.

Comme dans celles-là, on y voit de l'enthousiasme et de la férocité parmi la troupe, de la jalousie et de la rivalité entre les chefs.

Le noyau des troupes insurgées a été formé des bandes de *bandoleros* qui terrorisaient l'île et de ces gens tarés vivant on ne sait où dans les jours de quiétude et prêts à l'assassinat, au pillage, à l'incendie pendant les jours sombres de l'histoire.

Et puis est-il étonnant que deux adversaires issus d'une même race, de cette race ibérique qui, exaspérée par le danger ou froissée dans sa fierté, accomplit des prodiges d'audace qui forcent l'admiration ou des actes de férocité africaine que réprouve la froide raison, se livrent quelquefois à des extrémités?

Une division vivace et profonde, une rivalité de commandement existe chez les chefs séparatistes, surtout entre les blancs et les gens de couleur. Ce sera la pierre d'achoppement de la révolution cubaine. Il suffira d'appliquer la maxime machiavélique : *Divide et imperes.*

A ceux qui leur reprochent leur système de dévastation, les séparatistes répondent que leur objectif est de faire le vide autour des colonnes espagnoles, afin de les arrêter par le manque de vivres. A l'appui de leur méthode, ils citent l'exemple des armées prussiennes durant la mémorable campagne franco-allemande de 1870-71. Les cultivateurs et les *hacendados* ou grands propriétaires, qui désirent éviter le pillage de leurs biens, doivent payer aux insurgés une contribution de guerre.

On s'étonne des attaques fréquentes des convois par les

insurgés. Non seulement ces derniers connaissent à l'avance par leurs espions l'itinéraire du convoi et la force du détachement, mais ils trouvent souvent des complices dans les fournisseurs de l'armée gouvernementale. Ceux-là s'entendent avec les insurgés, dirigent le convoi dans une embuscade et touchent des honoraires des deux côtés.

Il ne faut pas chercher le moindre sentiment d'honneur dans la stricte logique commerciale.

Un puissant, redoutable et plus constant auxiliaire pour les séparatistes, c'est le climat. Patauger dans la fange; essuyer tour à tour les pluies torrentielles et les brûlures d'un soleil implacable; être la victime désignée aux coups du *vomito*, de la dysenterie, de l'anémie ou du paludisme, tel est, pendant la saison des pluies, le lot du soldat espagnol, tandis que l'insurgé, confiant dans le pays qui l'a vu naître, se livre à ses fantaisies belliqueuses.

Que viennent donc faire ces grandes victoires fantaisistes qu'enregistrent certains journaux en faveur de l'un ou l'autre adversaire ?

S'il est incontestable qu'il est parfois bon d'amplifier un succès remporté aux colonies pour ranimer la confiance du public, il est aussi dangereux d'en abuser, car on tombe infailliblement dans la déception.

Dans ces rencontres pompeusement dénommées batailles, les pertes gouvernementales sont insignifiantes, mais celles des insurgés sont toujours considérables. A son tour, la presse yankee, plus soigneuse de l'effet que de l'exactitude des informations, publie la nouvelle d'une importante victoire à l'actif des séparatistes, la fuite précipitée des troupes espagnoles et l'occupation prochaine de la Havane par les insurgés. A ces bruits de victoire succèdent bientôt des informations sensationnelles : les Yankees affirment que l'Espagne, déjà lasse de l'insurrection, se propose d'abandonner l'île; c'est la mort périodique du généralissime insurgé Gomez que lancent à tous les vents les péninsulaires ministériels. Quelques jours après, le prétendu tué sort de son tombeau pour envahir une province.

Si on devait croire à la lettre ces assertions trop optimistes, l'armée espagnole, naguère la première du monde, serait balayée comme de la paille par quelques *guérillas* plus ou moins disciplinées et expérimentées et le nombre des chevaux pris aux rebelles dépasserait le total de ceux qui peuplent les *pampas* de la Plata.

VI

Les combattants de l'insurrection actuelle.

L'armée espagnole d'opérations. — Le gouverneur général de Cuba est en même temps commandant en chef de l'armée d'opérations.

Au début de l'insurrection, ces fonctions étaient remplies par le général Calleja. Sorti de l'Académie générale de Toledo dans l'infanterie de ligne, don Emilio Calleja permuta en 1857 dans l'infanterie de marine; il prend part à la campagne de Saint-Domingue et à la seconde guerre carliste. A la fin de cette dernière campagne, on le trouve divisionnaire. Puis, il occupe successivement les emplois de gouverneur de la Havane, capitaine général de l'Andalousie et de la Vieille-Castille. En avril 1895, il fut remplacé à Cuba par le général Martinez Campos.

Comme tous les Monks modernes, le capitaine général don Arsenio Martinez de Campos a eu ses panégyristes et ses détracteurs. Par les uns, il fut porté aux nues; les autres couvrirent son nom de boue et d'ignominies :

La critique est aisée et l'art est difficile.

Clément, loyal, actif, Martinez Campos est un Canrobert espagnol. C'est avant tout un homme de cœur. S'il n'est pas un foudre de guerre, il a le doigté subtil du diplomate. Les Antilles espagnoles, l'Espagne et l'Afrique ont été témoins de son courage. Dans la première guerre de Cuba, il gagne le grade de général de brigade et montre les brillantes qualités d'un chef d'état-major. Son attaque du Seo de Urgel et son audacieuse marche du Baztan, pendant la guerre carliste, sont à la mémoire de tous. Par le coup d'Etat de Sagunto, il fit sa fortune politique. Pendant qu'il fut à la tête de l'armée d'opérations de Cuba (1876-1879), il apporta à la guerre un caractère plus humain et plus tolérant. La convention de Zanjon lui fit donner le surnom de *pacificador de Cuba*. Sénateur, puis ministre de la guerre, ambassadeur à Vienne, capitaine général de la Catalogne et de la Vieille-Castille, Martinez Campos reprit, malgré son âge avancé, le commandement de l'armée de Cuba (1895). Sa politique de modération et de temporisation ne devait pas être goûtée.

On lui donna pour successeur le capitaine général de la Catalogne, don Valeriano Weyler y Nicolau, marquis de Tenerife. C'est un partisan de procédés énergiques. Avec lui revit le type inoubliable du maréchal de Castellane. Le général Weyler a affirmé ses qualités militaires dans les campagnes de Saint-Domingue et de Cuba; les Canaries et les Baléares furent témoins de ses talents administratifs.

A côté du général en chef, on voit apparaître une figure sympathique, celle du lieutenant-général Ochando, chef d'état-major général. C'est un infatigable et une grande intelligence. Né le 13 mars 1848, don Federico Ochando est sorti de l'Académie spéciale d'état-major de Madrid en 1869. Sa brillante conduite lors de la guerre carliste lui valut le grade de lieutenant-colonel, le *grado* de colonel et la croix du mérite militaire de 1re classe. Il prit part à la dernière campagne cubaine et est lieutenant-général du 22 janvier 1895.

L'armée d'opérations forme trois corps d'armée sur le pied de guerre. Ils sont commandés par des lieutenants-généraux. Le 1er corps a son quartier général à Santiago; le 2e, à Puerto-Principe; le 3e à la Havane.

Dans la composition de l'armée d'opérations entrent les armes générales (infanterie et cavalerie); les armes spéciales (artillerie et génie), les services particuliers (sections

sanitaires et secrétaires d'administration) et les corps spé-
ciaux (*guardia ciril* ou gendarmerie et infanterie de marine). Il y a aussi les corps des volontaires (infanterie,
cavalerie et artillerie). L'effectif de l'armée régulière est
d'environ 120.200 hommes. On compte un chiffre approxi-
matif de 60.000 volontaires.

Les régiments d'infanterie, à trois bataillons (pied de
guerre), portent avec leur numéro d'ordre le nom d'un
souverain, d'un personnage princier, d'une province ou
d'une bataille célèbre. Il y a une *guérilla* montée de 60
hommes attachée à chaque régiment d'infanterie et bataillon de chasseurs.

Dans l'armée espagnole, le régiment d'infanterie est plutôt une unité administrative qu'une unité tactique. La véritable unité de combat est le bataillon, de quatre compagnies, commandé par un lieutenant-colonel, secondé par
un commandant et un *ayudante* ou adjudant-major. Un
lieutenant en second porte-drapeau, un médecin et un
aumônier complètent la *plana mayor* du bataillon. La compagnie a, sur le pied de guerre, un cadre de : un capitaine,
deux lieutenants en 1er, deux lieutenants en second, un
sergent-major, huit sergents, dix-huit caporaux, cinq clairons et un effectif de 196 hommes. La compagnie est fractionnée en quatre sections, la section en deux pelotons et
le peloton en deux escouades.

L'armée espagnole est demeurée très circonspecte à
l'égard des réformes introduites par les armées européennes dans leurs règlements de manœuvres. Aussi, fidèle à
la routine, la tactique de l'infanterie présente-t-elle certaines singularités. Les manœuvres à rang serré y jouissent
d'une grande faveur. On sacrifie beaucoup à la parade,
mais on observe cependant dans les mouvements une certaine rapidité qui n'exclut pas la régularité. *Las intruc-
ciones de la seccion y de la compañia* prescrivent l'attaque à
la baïonnette en ligne et en colonne. Des principes plus

contemporains ont été adoptés pour les formations en ordre dispersé.

Le régiment de cavalerie comprend un état-major de : un colonel, un lieutenant-colonel, quatre commandants, quatre adjudants-majors, un lieutenant porte-étendard, un médecin, un vétérinaire et quatre escadrons subdivisés en quatre *secciones*. Le cadre de l'escadron se compose de : un capitaine, quatre lieutenants, un *sargento primero*, huit *sargentos secundos*, douze *cabos*, quatre trompettes et d'un effectif de soixante-seize cavaliers.

On compte six batteries à chaque régiment d'artillerie divisionnaire et d'artillerie de montagne. Les régiments d'artillerie de corps et de siège n'ont que quatre batteries. Deux *secciones* seulement constituent la batterie. Un colonel, un lieutenant-colonel, trois commandants, un médecin et un vétérinaire entrent dans la composition du cadre d'un régiment. Chaque batterie possède un capitaine, deux lieutenants, un *sargento primero*, six *sargentos secundos*, dix *cabos*, deux trompettes et soixante canonniers.

On distingue dans l'armée espagnole deux sortes de grades :

1° L'*empleo* ou grade effectif ;

2° Le *grado de Ejercito* et le *doble grado de Ejercito* ou grades honoraires.

Le second grade est simplement honorifique ; le dernier est un monopole des armes spéciales et du corps d'état-major. L'officier *graduado* a droit à la solde, à l'ancienneté et au commandement de ce grade supérieur. On accorde ces grades honoraires pour faits de guerre ou services exceptionnels. Un officier possesseur d'un grade honoraire porte les étoiles du grade effectif et les galons du grade honoraire.

Les marques distinctives de la hiérarchie militaire sont :

Trois galons circulaires d'or et broderies aux parements pour le capitaine général ;

Deux galons circulaires d'or et broderies aux parements pour le lieutenant-général;

Un galon circulaire d'or et broderies aux parements pour le général de division;

Un galon circulaire d'argent et broderies aux parements pour le général de brigade;

Trois gros galons circulaires d'or et trois grosses étoiles d'or au-dessous pour le colonel;

Deux gros galons circulaires d'or et deux grosses étoiles d'or au-dessous pour le lieutenant-colonel;

Deux gros galons circulaires (un d'or, l'autre d'argent) et deux grosses étoiles (une d'or, l'autre d'argent) au-dessous pour le commandant;

Trois petits galons circulaires d'or et trois petites étoiles d'or au-dessus pour le capitaine;

Deux petits galons circulaires d'or et deux petites étoiles d'or au-dessus pour le lieutenant en premier;

Deux petits galons circulaires (un d'or, l'autre d'argent) et deux petites étoiles (une d'or, l'autre d'argent) au-dessus pour le lieutenant en second;

Trois gros galons transversaux d'or pour le sergent-major;

Deux gros galons transversaux d'or pour le sergent;

Deux gros galons transversaux de laine rouge pour le caporal;

La tenue de campagne, à Cuba, pour les officiers et pour la troupe, comprend : le *sombrero de jipijapa* ou large chapeau de paille et la casquette marine avec coiffe blanche (officiers seulement); la *guayabera de rayadillo* ou vareuse-dolman de coutil à carreaux bleus et à col rabattu; le pantalon de même nuance; les bottes pour officiers, les espadrilles et les guêtres pour hommes de troupe. Les insignes du grade se portent aux parements.

L'infanterie est armée du fusil Mauser, modèle 1892, de 7mm et du fusil Remington. Le Mauser fait peu de bruit.

sa détonation n'est plus perceptible à 2.500 mètres. Chaque soldat porte 150 cartouches dans les cartouchières et le havresac. Dans la cavalerie, on se sert du sabre et de la carabine Mauser ou du sabre, du revolver et de la lance, suivant les subdivisions de l'arme. L'armement des officiers de toutes armes se compose du revolver et du *machete*.

Le soldat espagnol l'emporte sur ses camarades des armées européennes par sa sobriété et son endurance à la fatigue. Il a l'avantage de l'organisation et de la discipline sur les insurgés.

Organisation politique et militaire des insurgés. — Le parti révolutionnaire a institué un gouvernement provisoire composé d'un président, de quatre ministres (affaires étrangères, intérieur, finances et guerre) et d'une assemblée législative. Le président de la République de Cuba est don Salvador Cisneros y Betancourt, marquis de Santa-Lucia.

Planteur au début du soulèvement de 1868, le marquis de Santa-Lucia embrassa avec ardeur la cause séparatiste et fut l'un des plus dévoués auxiliaires de Céspedes. C'est la seconde fois qu'il est élu à la présidence.

Le pouvoir exécutif est représenté dans les provinces favorables à la Révolution par des gouverneurs délégués du gouvernement; dans les districts, par des sous-préfets. En somme, l'organisation de ce gouvernement imaginaire, dont la résidence est établie suivant les fluctuations de la guerre, existe plutôt sur le papier qu'en réalité.

Ce gouvernement provisoire est représenté à New-York par un ministre plénipotentiaire et délégué du parti révolutionnaire, un trésorier et un secrétaire de la délégation; en France, au Chili, au Pérou et en Colombie, par des agents diplomatiques.

La mission de cette délégation est de travailler auprès du gouvernement des États-Unis et des autres puissances

étrangères pour la reconnaissance aux insurgés des droits
de belligérants ; de percevoir des fonds et de pourvoir les
troupes séparatistes d'armes et de munitions. Les fonds
proviennent : 1° de la quotité de 10 et 25 p. 100 prélevée
sur le gain hebdomadaire des séparatistes émigrés ; 2° des
contributions des *hacendados* et agriculteurs de l'île qui
désirent assurer leurs biens contre le pillage et l'incendie.

Le délégué Estrada Palma, le trésorier Benjamin J.
Guerra, le secrétaire Gonzalo de Quesada forment la trinité
officielle de la délégation.

Don Tomas Estrada Palma, vieillard de soixante et un
ans, a plutôt les apparences d'un universitaire que d'un
diplomate. Il naquit à Bayamo. Après avoir conquis son
doctorat en droit à l'université de Sevilla, il prit part à
l'insurrection de 1868. Elu président de la République cubaine en 1878, il est fait prisonnier et envoyé en Espagne.
Le soulèvement de 1895 le trouve directeur d'un collège
hispano-américain à New-York. Ce n'est point le chef de
guérillas hardi, le politique profond et habile, l'orateur
qui enflamme les masses par son éloquence, c'est l'homme
intègre, probe, austère. Un nouveau Michel de l'Hôpital.

L'organe officiel de la délégation est le journal bi-heb-
domadaire *La Patria*. Cette feuille est dirigée par don En-
rique-José Varona, écrivain distingué et ancien journaliste
à la Havane.

C'est à l'est et au sud des Etats-Unis et dans l'Amérique
centrale qu'on rencontre nombreux l'élément révolutionnaire cubain. Tampa, Cayo Hueso ou Key West, Saint-Domingue, Vera-Cruz, Kingston possèdent un club séparatiste respectif reconnaissant la suprématie de la *junta*
centrale de New-York. Leur organisation a une certaine
similitude avec la constitution maçonnique.

A ces clubs échoit la préparation des expéditions flibus-
tières faisant l'importation d'armes et de munitions. Malgré la surveillance des côtes exercée par les croiseurs et

les canonnières de l'escadre espagnole, la contrebande de guerre se pratique aisément. Il faut en chercher les causes dans l'insuffisance des bâtiments assurant le blocus et du personnel de la douane pour une extension aussi considérable que celle des côtes cubaines. « Pour bien garder une maison, dit avec raison don Pedro Novo Colson, il est indispensable d'en fermer les portes. » (*La Marina en la Isla de Cuba*). C'est ce qui n'existe pas à Cuba. Les issues sont tellement ouvertes, la vigilance est tellement relâchée, que les insurgés ont pu recevoir des armes par les ports principaux et les bureaux de la douane.

L'*Ejercito libertador de la República de Cuba* se compose : 1° d'un état-major général (un général en chef, un lieutenant général, des majors généraux, divisionnaires et brigadiers) ; 2° de corps de troupe de toutes armes (infanterie, cavalerie, artillerie), groupés en compagnies, bataillons, brigades, divisions et corps d'armée.

Le cadre de l'état-major général, à l'instar des républiques centrales et sud américaines, est largement représenté. C'est don Maximo Gomez qui attire tout d'abord l'attention.

Un front large, des yeux étincelants, une forte moustache blanche tombante — ce qui lui a valu de la part des Espagnols le sobriquet de *Chino viejo* — telle est la physionomie du généralissime de l'armée séparatiste. Né à Saint-Domingue en 1836, Gomez, après avoir lutté contre l'occupation espagnole de 1861 à 1864 comme officier, se range parmi les insurgés cubains de 1868. Le président Céspedes le choisit pour son chef d'état-major. Gomez révèle ses aptitudes pour la guerre de partisans dans la province de Santiago, dans le Camagüey, dans le territoire des Villas ; il y gagne le grade de général. Un ulcère à la jambe l'oblige à restreindre son activité et nécessite la présence constante de deux médecins à ses côtés ; il ne peut monter à cheval qu'à l'amazone. Astucieux, réfléchi,

audacieux, le généralissime séparatiste jouit d'une réputa-
tion de tacticien remarquable. C'est après les généraux
Shermann et Lee que le maréchal de Moltke cite Gomez
dans ses *Mémoires*. Gomez est d'ailleurs la seule figure
vraiment militaire des insurgés.

A côté de cet Ulysse, il y a une sorte de Murat. C'est le
mulâtre Antonio Maceo. Il naquit à Santiago en 1848.
Muletier, volontaire dans l'insurrection de 1868, il était
major général à la fin de la dernière guerre. Audacieux et
entreprenant, orgueilleux et ambitieux, doué d'une belle
prestance, le lieutenant-général Maceo a toutes les qualités du *cabecilla*. Il est de basse extraction; il n'a qu'une
instruction des plus rudimentaires; mais il connaît admi-
rablement le terrain qui l'a vu naître; il possède une
grande influence sur l'élément de couleur.

Son frère puîné, José, né en 1850, est major général et
commande le 1ᵉʳ corps d'armée séparatiste. Colonel à la
tentative de 1879, il fut fait prisonnier et envoyé à Melilla,
puis à Mahon, d'où il parvint à s'échapper. C'est un *va-
liente*, disent ses adversaires impartiaux.

D'un esprit cultivé, d'un grand bon sens, le général Bartolomé Masso est un des rares *cabecillas* partisans d'une
guerre humanitaire, mais c'est un vieillard maladif et
exalté.

Les généraux Carrillo et Garcia sont de vieux vétérans
de la dernière guerre. Ils passent pour avoir un certain
talent dans la guerre de partisans.

Polonais de naissance, le général Carlos Roloff lutte
pour l'indépendance cubaine, en attendant le jour où il
pourra combattre pour la liberté de son propre pays.

Les cinq corps d'armée séparatistes ne sont similaires des
corps d'armée européens qu'en ce qui concerne l'organisation; leur effectif respectif est normalement de 5.000 hommes. Comme dans l'armée espagnole, le bataillon repré-
sente la véritable unité tactique.

L'infanterie insurgée a montré dans certains combats une précision mathématique dans les mouvements, mais manque de pratique dans le tir. Certains corps n'ont qu'une organisation à peine ébauchée et la discipline y laisse fort à désirer. Nombreuse et bien montée, la cavalerie constitue la force des séparatistes. Ces derniers avaient eu le soin, dès le début de l'insurrection, de mettre la main sur un nombre considérable de chevaux et de mulets. Fort restreint est le personnel de l'artillerie. Il est généralement composé d'Américains et d'Anglais.

Faute de statistiques exactes, on ne peut évaluer qu'approximativement la force des troupes insurrectionnelles. Selon les données les plus véridiques, l'effectif se répartirait ainsi qu'il suit :

ARMES.	HOMMES.	CHEVAUX OU MULETS.	PIÈCES D'ARTILLERIE
Infanterie	25.200	»	»
Cavalerie	14.000	13.800	»
Artillerie	800	190	22
Totaux	40.000	13.990	22

Sur ce nombre, 12.000 ont un armement complet; 18.000 ne possèdent qu'une carabine ou un *machete :* 10.000 ne sont pas armés. Chaque bataillon est suivi d'un certain nombre d'hommes sans armes dont la spécialité est de retirer les armes des tués, d'ensevelir les morts et de recueillir les blessés.

Le recrutement des insurgés s'opère parmi les séparatistes insulaires et émigrés, les ouvriers sans travail et les étrangers (Espagnols péninsulaires, Américains, Mexicains, Dominicains, Colombiens, Anglais). Bien que le nombre de la race colorée soit considérable, les blancs sont en majorité dans les rangs séparatistes.

L'uniforme des hommes de troupe est loin de réunir tous les desiderata militaires. Les uns portent le *sombrero* de paille, la veste et le pantalon de coutil, des souliers ou des sandales; d'autres ne possèdent qu'un pantalon et une chemise. Un morceau de toile autour des reins ou un sac avec ouvertures pour les bras et la tête constitue l'habillement des noirs de Lacret et de Quintin Banderas.

C'est un mélange assez bizarre.

Ces vêtements sont renouvelés lors du pillage des *pueblos* ou de la capture des convois.

Plus confortable est la tenue des officiers : *Sombrero* avec cocarde cubaine; complet de coutil avec galons d'or comme insignes de grade; longues bottes montant jusqu'aux genoux, tel est leur uniforme. Ils sont armés du *machete* et du revolver.

L'avancement pour les officiers s'accorde à l'ancienneté dans l'arrivée sur le théâtre de l'insurrection ou au choix pour faits de guerre.

L'armement de l'infanterie est aussi varié que l'habillement. On trouve des fusils Mauser, des rifles Remington, Coll et Winchester avec ou sans baïonnette. Le *machete* est l'arme propre de la cavalerie; cependant bon nombre de fantassins en sont pourvus. Le matériel d'artillerie de campagne est d'une insuffisance notoire. Il ne comprend que des pièces modèles Hotchkiss.

Les insurgés emploient les balles explosives, bien qu'elles aient été prohibées par la convention de Saint-Pétersbourg (1868). En cuivre et remplies de poudre et de dynamite, ces balles ont une portée de 500 mètres et occasionnent des blessures horribles.

Alors que l'alimentation est l'une des plus importantes préoccupations du haut commandement dans les armées européennes, l'insurgé cubain, uniquement chargé de ses armes et de ses cartouches, trouve sa nourriture dans les fruits tropicaux. L'igname et la banane sont la base de son alimentation; il trouve le complément dans le sac des villages.

Le service de santé n'a qu'une organisation incomplète pour ne pas dire presque nulle. Il existe sur certains points des forêts ou des montagnes des dépôts d'armes, des ateliers de réparations et des infirmeries-hôpitaux.

Un détail typique : on remarque quelques fanatiques du beau sexe dans les rangs insurrectionnels et dans l'entourage du général Maceo.

V

Phases historiques.

Il y a quelques mois, l'attention de l'Europe était attirée par un bruit d'armes venant du nouveau continent. Cuba voulait briser les liens séculaires qui l'unissaient à l'Espagne; Cuba avait levé l'étendard de la révolte. De toutes parts retentissaient les cris séditieux de : « Vive Cuba libre ! » Les maisons se fermaient; les villes se dépeuplaient; les *haciendas* devenaient désertes. On courrait au *campo* se joindre aux insurgés.

Des réformes attendues et qui ne venaient pas furent le prétexte du *levantamiento*.

Depuis longtemps l'insurrection était fomentée sous l'impulsion du perspicace Marti. Les *juntas* se tenaient régulièrement tantôt au cœur d'une ville, tantôt dans les campagnes. Le goût de la villégiature faisait alors fureur chez certains avocats, médecins et professeurs. Un délégué du comité parcourait les campagnes, faisant la propagande de la *Patria* et prêchant l'appel aux armes. Le soir, à la veillée, les *guajiros* à l'esprit inculte et superstitieux, s'excitaient à la rébellion par la lecture des récits de la dernière guerre. On recevait des envois d'armes ; on installait des dépôts de munitions ; on arrêtait le lieu de concentration et les noms des chefs et des subalternes qui devaient se mettre à la tête des troupes de la région au premier signal.

Ainsi que dans la dernière campagne, le foyer de l'insurrection s'alluma dans la province de Santiago. De là, il s'étendit à l'ouest où on trouva de précieux auxiliaires dans les Matagas et les Manuel Garcia, les chefs du banditisme.

Le mulâtre Matagas a jeté aux orties son titre de chef de *bandoleros* et s'est affublé de l'uniforme de colonel insurgé. D'une férocité révoltante, il continue son ancienne profession au nom de la république cubaine. Il connaît bien la topographie du pays; c'est tout son bagage de connaissances militaires.

Le nom de Manuel Garcia, *el rey de los campos*, est devenu tristement légendaire. C'était un bandit plus habile que valeureux, qui volait, pillait et assassinait aux cris de : « Vive Cuba libre ! » Il avait le grade de commandant; il fut tué en février 1895 dans une de ses *excursions habituelles*.

Très flattés des propositions des séparatistes et des grades qu'on leur octroie généreusement, ces disciples du crime deviennent d'ardents adeptes de la Révolution.

L'horizon devenait sombre.

Pourtant tout était couleur de rose dans les atmosphères officielles.

Les cris de : « Vive l'indépendance ! » poussés le 24 février 1895 par les séparatistes à la prise de Baire (province de Santiago) transformèrent l'apathie en vigilance. Il fallait agir vite et bien.

Le général Calleja décrète l'état de siège et envoie le général Lachambre, à la tête d'une colonne, opérer contre les rebelles.

On débute par les rencontres du Cobre, de Guantanamo, de Bayamo, de Sabana Yaragana. Les insurgés s'emparent du port de Campechuelo, prennent et pillent Vegita.

On apprend avec tristesse la reddition du fort de San Ramon de las Yaguas par le lieutenant espagnol Gallego. Cité devant un conseil de guerre et condamné à mort, cet officier, malgré un passé plein d'honneur et de courage, expia sous les balles espagnoles sa faute d'un jour.

Le 16 avril, le nouveau général en chef, Martinez Campos, débarquait à Guantanamo. Le même jour, il adressait aux troupes son instruction générale de campagne. La province de Santiago était divisée en trois zones pour les opérations militaires. Un général de division, secondé par un brigadier, était à la tête de chaque nouvelle division territoriale.

Le but du général Martinez Campos était d'employer la plus grande partie des troupes à protéger les *ingenios* dans les territoires les plus menacés par les insurgés; de montrer de la clémence envers les rebelles ralliés au gouvernement; d'attendre du temps et de la lassitude, la soumission des rebelles. Ce plan de campagne annonçait une guerre plutôt défensive qu'offensive.

Dans les expéditions coloniales, la tactique du général en chef doit être complétée par une grande entente de l'hygiène tropicale. L'ennemi n'est pas le seul à craindre : il y a aussi de terribles adversaires dans les maladies des pays chauds. Comme le général Wolseley dans l'expédition contre les Ashantees (1873-74), comme le général Doods dans la campagne du Dahomey (1892-93), l'un des premiers soins du général Martinez Campos fut d'établir sur de fortes bases le fonctionnement des services de l'administration et de santé.

Dans la nuit du 5 au 6 mai, le *lugartenirnte* Maceo, secondé par les généraux Masso et Rabi et le colonel Miro y Argenter, tente avec 2.000 hommes une attaque sur le bourg El Cristo. Il échoue devant la résistance tenace du détachement espagnol.

Le colonel don José Miro y Argenter n'est cubain que de cœur. Catalan de naissance, il a guerroyé dans la seconde guerre carliste et a troqué l'emploi de directeur d'un journal pour les galons de colonel séparatiste.

Avec le combat de Jovito, s'ouvre l'ère des rencontres d'une certaine importance. Les insurgés, plus confiants dans leur force, commencent à montrer une résistance de plus en plus opiniâtre.

Le 13 mai, la colonne du lieutenant-colonel Bosch y Abril, composée de 405 hommes du régiment d'infanterie de Simancas, n° 64, a son avant-garde assaillie par 2.000 insurgés, aux ordres de Maceo. Le gros tombe dans une embuscade. La lutte devient furieuse et acharnée ; le colonel Bosch tombe mortellement blessé. Le commandant Robles prend le commandement de la colonne et, malgré l'arrivée de renforts venus de Guantanamo, est obligé de battre en retraite, emportant 13 morts et 36 blessés. On a évalué les pertes des insurgés à 39 tués.

Don Joaquin Bosch y Abril naquit en 1848. Il gagna son grade de capitaine pour faits de guerre dans la première campagne cubaine. Professeur à l'Académie préparatoire d'infanterie de la Havane, il demanda et obtint un commandement dans l'armée d'opérations.

Dos Rios ! 19 mai 1895 ! Ce nom et cette date rappellent aux insurgés un triste souvenir : la mort du séparatiste Marti.

Le 19 mai, la demi brigade du colonel Jiménez de Sandoval, comprenant six compagnies d'infanterie et 28 cavaliers du régiment de cavalerie *Hernan Cortes*, n° 29, surprend un espion séparatiste qui, croyant trouver son salut dans la trahison, indique les positions occupées par le généralissime Gomez. Avec lui, est le délégué Marti. La colonne se dirige vers la position désignée.

A 11 h. 1/2, la pointe de l'avant-garde signale l'approche de forces insurgées. Ce sont quelques cavaliers en reconnaissance qui disparaissent à la vue des *Hernan Cortes* venant sur eux au galop.

Peu d'instants après, les hauteurs voisines se couvrent de masses profondes et scintillent de l'éclat des baïonnettes et des *machetes*.

C'est l'ennemi qui se présente en formation de combat.

On entend les clairons séparatistes ; on perçoit les com-

mandements brefs et saccadés des officiers ; on voit on-
doyer le drapeau cubain rouge, blanc et bleu.

La compagnie de l'avant-garde espagnole se déploie et
ouvre le feu. Après une riposte, l'ennemi exécute un mouvement offensif. L'attaque, énergiquement poussée, est
fermement reçue par les troupes gouvernementales. On se
dispute le terrain pied à pied avec énergie ; on se bat
corps à corps.

Tout à coup un frémissement de stupeur, puis de rage,
parcourt les rangs séparatistes.

Marti, percé de coups, a glissé de cheval, et son cadavre
est au pouvoir des Espagnols.

— A lui ! crient des milliers de voix.

Et rugissants, ivres de fureur, les insurgés se lancent à
la charge en désespérés.

Quinze fois, ils renouvellent leur tentative et quinze fois
ils sont repoussés. Gomez, blessé, dirige l'attaque en personne.

Mais l'infanterie espagnole, inébranlable derrière son
mur de baïonnettes, rompt l'élan des insurgés et reste
maîtresse du terrain.

Peu de jours après, le corps de Marti put être transporté
et enseveli à Santiago, malgré les attaques incessantes des
séparatistes qui tentaient de s'emparer du cadavre de leur
délégué.

Mais qu'est-ce que Marti dont le nom semble planer
majestueusement sur le parti révolutionnaire, dont le
nom est prononcé par les séparatistes avec un mélange de
respect et d'admiration ?

José Marti, délégué du parti séparatiste à New-York,
naquit en 1853. Au début de l'insurrection de 1868, il fut
envoyé au *presidio*. en Espagne, comme conspirateur. Il
avait quinze ans ! Il suivit ensuite les cours de l'université
de Séville et fut reçu docteur en droit et ès lettres à celle
de Madrid. Tour à tour professeur, journaliste, consul à

New-York, puis ministre plénipotentiaire délégué de l'Uruguay à la conférence monétaire internationale de 1889, Marti fut aussi un écrivain remarquable et un poète de valeur. Porté par son ardente et puissante imagination à de vastes utopies, doué d'une éloquence enflammée et entraînante, il fut l'âme véritable du soulèvement de 1895. Son idéal était de constituer Cuba en république, et d'y établir un gouvernement comme l'entendaient les anciens. Marti était né trop tard.

Un fait d'armes glorieux pour l'armée espagnole a lieu le 20 mai. Avec 400 hommes, Maceo échoue devant Esteron où se défendent héroïquement le sergent Girbau et 15 hommes. Quoique blessé, le sergent continue à diriger le combat jusqu'à ce que les insurgés se retirent. Le général en chef proposa le sergent Girbau pour la croix de San-Fernando et le grade de lieutenant en second.

L'engagement d'Aguas Claras, la tentative infructueuse de Maximo Gomez sur le fort d'Alta Gracia et le combat du Cacao, composent le bilan de juin.

Dans les premiers jours du mois suivant, le général Martinez Campos entreprenait une tournée d'inspection dans le centre et l'est de l'île.

Averti par ses espions de l'arrivée et des intentions du *caudillo* espagnol, Maceo prit ses mesures pour s'emparer de sa personne.

Sur la route de Barrancas à Bayamo, deux chemins se détachent à droite, à peu de distance l'un de l'autre et convergent vers un même point. Dans le premier chemin, Maceo avait embusqué 3.000 hommes.

Le 10 juillet, dans la matinée, le général Martinez Campos entrait dans ce chemin avec une colonne de 1.523 hommes, aux ordres du général de brigade Santocildes. Comme le commencement de la route était en mauvais état, la colonne, faisant un mouvement de flanc, s'engage à travers la *manigua* et les *potreros* (enclos pour l'élevage des chevaux) pour rejoindre le second chemin.

L'avant-garde, commandée par le lieutenant-colonel Vaquero, va tomber sur les derrières des forces insurgées, à Paralejo. Il est 11 h. 1/2.

Les insurgés reviennent vite de leur surprise et le combat s'engage de part et d'autre. Furieux de voir avorter son plan, Maceo ordonne à son aile gauche d'attaquer par un mouvement enveloppant l'arrière-garde espagnole.

La position devient alors critique dans ce lieu découvert et dominé de toutes parts par des collines boisées. Néanmoins la colonne avance toujours harcelée par l'ennemi.

A ce moment le général Santocildes tombe frappé de trois balles; le général en chef prend le commandement direct des troupes.

Comme les insurgés cherchent à percer le centre, le général Martinez Campos exécute un vigoureux mouvement offensif et lui-même, exposant sa vie, se lance à la tête des siens.

— *A la bayoneta! A ellos!* commande le capitaine général en se dressant sur ses étriers.

— *Vira Espana!* répondirent quinze cents voix.

Les troupes gouvernementales s'ébranlent.

Le moment est saisissant, solennel.

On pressent que le salut de la colonne dépend de cette attaque; qu'on est dans une de ces situations périlleuses d'où l'on ne peut sortir que par les ressources suprêmes.

Environné d'une nuée d'ennemis, Martinez Campos a grand'peine à se dégager.

— A Campos! A Campos! vocifèrent les officiers séparatistes; vif ou mort, que nous l'ayons !

Vingt bras se lèvent sur le capitaine général.

Mais celui-ci tue à bout portant ceux qui le serrent de près et, enlevant son cheval d'un bond prodigieux, rompt le cercle de fer qui l'entourait.

L'ennemi est refoulé par la marche en avant. Profitant de la tournure du combat, le général en chef ordonne l'interversion de l'ordre de formation. L'arrière-garde, arrivée à hauteur du second chemin, prend la tête de la colonne.

Au passage du rio Babatuaba, l'ennemi réitère ses attaques. Le combat recommence avec ardeur jusqu'à ce que

> L'horizon tout entier s'enveloppe dans l'ombre,
> Et le soleil mourant, sur un ciel riche et sombre,
> Ferme les branches d'or de son rouge éventail.

A 9 heures du soir, la colonne entrait dans Bayamo avec 25 tués et 93 blessés. « On ne peut évaluer les pertes ennemies, car les renseignements recueillis sont très contradictoires. » (Rapport du général en chef de l'armée d'opérations de Cuba au ministre de la guerre.)

Parmi ces tués figurait le général Santocildes.

Don Fidel Alonso Santocildes avait pris une part active à la première guerre cubaine. Il y avait conquis ses premiers galons. Colonel à l'ancienneté en 1889, il avait obtenu le grade de brigadier pour sa brillante conduite dans la campagne actuelle.

La rencontre du colonel Santander avec le général insurgé Sanchez à Santa-Clara ; les engagements du général Gonzalez Munoz avec les insurgés à la Alegria, Sabana de Yara, Gloria ; la prise de Santo par Maximo Gomez ; les affaires de Rojas, Seborucal, Campechuelo, Delicias et l'attaque d'un convoi fluvial espagnol sur le Cauto, constituent les principaux faits d'armes du mois d'août. Ce mois devait se terminer par le combat du Sao del Indio.

Le 29 août, le colonel Canellas, commandant provisoire d'une brigade du 1er district militaire, se portait avec une colonne de 850 hommes (1er bataillon du régiment d'infanterie de Simancas, n° 64 ; *guerilla* montée ; *guerillas* et *escuadras* de volontaires ; détachement d'artillerie) contre les positions occupées par Maceo aux environs de San Ramon de las Yaguas. Le *lugarteniente* ou lieutenant général insurgé, paraissait disposer de 3.500 hommes.

La marche en avant s'effectue le premier jour sans incident.

Le 30, on est assailli par quelques mousqueteries d'éclaireurs.

Le lendemain, les insurgés paraissent sur les coteaux voisins et obligent l'avant-garde à prendre ses dispositions de combat. On est près du Sao del Indio.

Le commandant Garrido, de l'avant-garde, marche en refoulant l'ennemi ; mais au moment où il vient de déloger les séparatistes de leurs premières positions, il est accueilli par des forces supérieures qui le forcent à s'arrêter.

En même temps, les séparatistes se ruent sur les flancs du gros de la colonne et sur l'arrière-garde. La cavalerie insurgée charge au galop.

L'infanterie espagnole tient bon pourtant. Formée en carré, calme, sereine, elle tire avec précision et présente un mur hérissé de baïonnettes. L'unique pièce d'artillerie, au commandement du capitaine Gomez Gonzalez, et une charge à la baïonnette jettent le désarroi dans les rangs ennemis et permettent à la colonne de reprendre sa marche. Les insurgés abandonnent leurs positions après huit heures de combat.

La brigade espagnole rentrait le 2 septembre à Guantanamo, non sans avoir été fréquemment harcelée par l'ennemi. Les pertes gouvernementales s'élevaient à 12 tués et 47 blessés ; on suppose que les séparatistes eurent 36 morts et 70 blessés.

Le jour même, le colonel Canellas adressait à sa colonne l'ordre général suivant :

« L'affaire de Sao del Indio, où vous vous êtes mesurés avec un nombre quadruple d'ennemis bien armés et commandés par les frères Maceo, est pour nos armes un combat des plus brillants et des plus glorieux. Je le considère comme un des plus importants de la campagne actuelle.

» Votre victoire a été couronnée par la prise et la destruction du campement insurgé, la déroute et la dispersion honteuse de l'ennemi.

» A votre courage, à votre intrépidité, à votre sang-froid, à votre dévouement et à votre confiance aveugle dans vos chefs, qualités affirmées par vous dans l'ardeur du combat, l'histoire de notre patrie devra rendre hommage et ajouter une page glorieuse à son Livre d'or.

» Sans perdre un instant, j'adresserai à votre général de division et à votre invincible général en chef, le rapport de ce combat qui vous honore tant et qui sera si agréable à votre Roi (que Dieu garde) et à Sa Majesté la Reine régente, dont la sollicitude s'étend sur notre armée. Je demanderai pour vous les plus hautes récompenses.

» Heureux et fier d'avoir commandé à des héros tels que vous est celui qui n'a fait que vous diriger.

» Votre colonel, CANELLAS.

» Guantanamo, 2 septembre 1895. »

Don Francisco Canellas y Secades, naquit à Oviedo, le 10 octobre 1847. Sorti de l'Académie générale de Toledo en 1867, il prit part à la campagne de Cuba de 1870 à 1877 : il en revint avec le grade effectif de commandant et le grade honoraire de colonel. En 1883, il est aux Philippines. Lieutenant-colonel en 1884, colonel en 1891, le général Canellas est brigadier depuis 1895.

La conduite des convois qui doivent ravitailler les forts détachés et les lieux occupés militairement, est chose particulièrement difficile et dangereuse.

Le 7 septembre, au Descanso del Muerto, le lieutenant-colonel Tejeda, conduisant un convoi à la tête de 1.200

hommes, tombe dans une embuscade dressée par le général séparatiste Rabi. Avec lui sont 1.000 insurgés qui

Tout à coup, s'élançant des ravins les plus proches

enveloppent l'avant-garde. L'arrivée du colonel Tejeda et du corps principal parvint, après un violent combat, à mettre l'avantage du côté des Espagnols. Rabi battait en retraite. Il y avait 9 morts et 38 blessés parmi les troupes royales; on ramassa les cadavres de 6 insurgés sur le lieu de l'action.

Un fait qui devait jeter la consternation dans l'île et dans la péninsule arriva dans la nuit du 8 au 9 septembre. Une collision eut lieu en vue du port de la Havane entre le croiseur espagnol *Sanchez Barcarztegui* et le vapeur *Conde de la Mortera*, de la compagnie Herrera. Le croiseur coula. On avait à regretter la mort du commandant général de l'*Apostadero*, contre-amiral Delgado Parejo, d'un de ses aides de camp, du commandant du croiseur et de 36 hommes d'équipage.

Cependant les lauriers cueillis par le général de brigade Luque y Coca à Pailita et à Benguela (Santa-Clara) dans ses opérations contre les insurgés, vint diminuer l'amertume de ce sinistre naval.

Moins heureux que le général Luque, le lieutenant-colonel Rubin soutenait à Las Varas (Puerto Principe) un sanglant combat avec le général séparatiste Sanchez (23 septembre). La colonne espagnole était composée de trois compagnies d'infanterie et de deux pelotons de cavalerie; les séparatistes étaient 2.000.

Malgré cette infériorité numérique, la cavalerie espagnole, couvrant le déploiement de l'infanterie, exécute une charge à fond. Sabrés, les insurgés reculent.

L'infanterie gouvernementale s'ébranle et aborde l'ennemi avec résolution.

Mais pendant ce temps, les séparatistes attaquaient l'arrière-garde par un mouvement enveloppant. Blessé, le colonel Rubin remet le commandement au commandant Alonso. Celui-ci ordonne la retraite et se dégage avant que les insurgés puissent s'y opposer.

Après divers engagements avec résultat indécis, le lieutenant-colonel Zamora gagnait, à la tête de 160 hommes, un avantage à Baracoa (Santiago) sur 800 séparatistes (9 octobre) et le général Oliver infligeait des pertes importantes aux insurgés au combat de Julia.

On a à regretter la défaite d'un détachement espagnol de 68 hommes à Ojo de Agua et la reddition aux insurgés du fort Pelayo (Santiago). Mais on apprend peu après le succès à San Ramon de las Yaguas des colonnes réunies du général Canellas et du colonel Vaquero, d'un effectif total de 1.100 hommes, sur les 2.600 insurgés du major général Maceo.

On constate un progrès croissant dans la marche de la révolution. De l'extrémité de l'est, les insurgés pénètrent — grâce à la sympathie qu'ils recueillent et à la terreur qu'ils répandent parmi les populations — dans le centre et les régions occidentales.

Avançant, rétrocédant, évitant avec soin les colonnes espagnoles, Maceo et son avant-garde, Gomez et son corps principal, envahissent le centre de l'île, après les affaires de Mal Tiempo, Calimete, Estante. Le combat de Quivican entre le colonel Aldecoa et le généralissime séparatiste, au désavantage de ce dernier par l'arrivée opportune des troupes du colonel Galvez, semble avoir démoralisé les insurgés.

Il n'en est rien.

Quand on croit l'*Ejercito libertador* battant en retraite vers le Camaguey, on apprend que, par un habile mouvement, Maceo s'est porté dans la province de Pinar del Rio et on voit avec stupeur Gomez concentrer ses troupes et se reposer un jour dans une *ingenio*, aux portes de la Havane.

Pour couper les efforts des séparatistes, on avait construit les *trochas militares* de Moron-Jucaro, à l'est, et de Mariel-Majana, à l'ouest. Ces lignes de fortification consistent en un large fossé avec un blockhaus à chaque kilomètre.

La première, par son inefficacité, avait laissé passer et repasser Maceo et Gomez; la seconde s'ouvrit pour Maceo, mais se ferma derrière lui.

Située dans la partie la plus étroite de l'île, entre la Havane et Pinar del Rio, les provinces aux riches *cafetales*, la *trocha* de Mariel est devenue, par les améliorations du commandant supérieur, le général Arolas, une ligne de défense d'une grande importance. Elle relie entre elles les villes de Mariel, Guanajay, Artemisa et Majana et compte, outre les garnisons respectives de ces dernières villes, les forces suivantes : 12 bataillons d'infanterie; 5 régiments de cavalerie, 2 compagnies d'artillerie de forteresse, soit un total de 25.000 hommes. Les colonnes mobiles forment un rideau de protection. Un croiseur et deux canonnières surveillent les côtes maritimes aux extrémités.

Dès que Maceo se fut engagé dans les coteaux de Pinar del Rio, le général Luque se lança à sa poursuite avec sa colonne. Il l'atteint à Paso Real et le contraint à la retraite malgré les charges répétées et furieuses de la cavalerie séparatiste. Maceo est encore défait à Candelaria et Pazo Hondo. Pendant ce temps, Gomez se repliait sur le centre, sa base d'opérations.

Le plan de campagne du général en chef n'ayant pas donné tous les résultats espérés, le gouvernement de Madrid rappelle Martinez Campos et lui donne pour successeur le général Weyler, capitaine général de la Catalogne et commandant en chef du 4e corps d'armée à Barcelone.

La clémence a toujours été de bonne politique.

Le 23 avril, il paraissait un *bando* ou décision du général Weyler, promettant l'amnistie à tout insurgé de la province de Pinar del Rio qui se présenterait aux autorités militaires dans le délai de vingt jours. On leur accordait en outre la faculté de servir ensuite comme *guerillero* ou guide. Une nouvelle décision du général en chef, en date du 13 mai, étendait ces dispositions aux provinces de la Havane et de Matanzas.

La publication de ces *bandos* n'arrêtait point les opérations des insurgés. Le 27 avril, ils prenaient et pillaient El Cristo ; le 29, ils attaquaient les forces du colonel Recas à Triunfo, et les 1.400 insurgés de Lacret livraient aux 430 hommes du colonel Molina le combat de Ojo de Pablo (29 avril).

Le colonel insurgé Lacret est d'origine française ; il exerçait la profession de lampiste avant de se joindre à l'insurrection.

L'état-major général de l'armée d'opérations dont le but était de tourner Maceo dans l'ouest, avait concentré six colonnes dans le Vuelta Abajo (1).

La colonne du général Suarez Inclan apprend que le célèbre *cabecilla* est à proximité, à Cacarajicara. Aussitôt le général quitte Bahia Honda et se met en marche avec deux bataillons d'infanterie (de *San-Fernando*, n° 11 et des *Baléares*, n° 41) et une section du 5e d'artillerie de montagne.

C'était dans la matinée du 30 avril. La chaleur était intense. Néanmoins il fallait avancer, avancer jusqu'à ces monts abrupts qu'on apercevait là-bas dans le lointain. Là, était Cacarajicara ; là, était l'ennemi ; là, étaient Maceo et ses lieutenants : Quintin Banderas, Socarras et Pilar Rojo.

---

(1) Région de la province de Pinar del Rio.

Aucun indice ne venait révéler la présence des insurgés. Le silence le plus complet régnait. Rien que le léger sifflement du vent passant dans la *manigua* et :

> ... Le traître horizon, immobile, endormi,
> Tranquille, et plein pourtant de foudres et de flammes.

Cacarajicara se détache distinctement dans le fond du tableau. On approche.

Tout à coup une vive fusillade éclate sur la gauche. L'avant-garde, déployée en tirailleurs, y riposte vigoureusement. Son feu nourri force les avant-postes ennemis à se replier. On gravit les hauteurs que couronne l'ennemi. A droite et à gauche sont des lianes inextricables et de profonds précipices. L'ascension est pénible et périlleuse. Mais rien n'étonne, rien n'arrête la *furia* espagnole.

Enfin, on arrive à la crête. L'ennemi, caché dans la *manigua* et protégé par un retranchement en terre et en bois de 1^m,20 de hauteur, salue l'arrivée de la colonne par des feux de salve bien nourris.

Renforcée par le soutien, la chaîne de tirailleurs espagnole crible de balles les positions ennemies.

Une fumée assez compacte emplit l'atmosphère. On n'entend que le pétillement de la fusillade ; on ne sent que l'odeur âcre de la poudre. De temps en temps, on distingue les voix nerveuses et enrouées des officiers.

La nuit vient suspendre la lutte.

On bivouaque sur le lieu de l'action et on attend avec impatience l'aube du lendemain.

Anxieuse nuit que celle qui précède un combat ! C'est un de ces moments où la réalité s'efface devant la brillante image du souvenir. On revoit dans un lointain nuage ceux qui nous sont unis par les liens de l'amour, de l'amitié. Les lèvres ébauchent un sourire tandis que le cerveau s'enfonce dans un engourdissement, dans une somnolence voisine du sommeil...

L'horizon s'éclaircit. Les deux pièces, braquées sur la droite, ouvrent une canonnade violente contre les retranchements ennemis.

Le combat recommence avec violence, avec acharnement, avec rage. Par moments, le monotone sifflement des balles est interrompu par la voix solennelle et frémissante du canon.

C'est un bruit qui étonne et charme tout ensemble.

C'est un bruit qui grise et qui enivre.

Les insurgés,

> Tentèrent bien, mettant tous les sabres au vent,
> Deux charges qu'on reçut baïonnette en avant.

mais les feux de l'infanterie espagnole brisent leurs efforts.

L'artillerie, sous l'intelligente direction du lieutenant Navarro, s'avance jusqu'à quarante mètres de l'ennemi et lui envoie un feu des plus meurtriers.

La colonne dessine un mouvement offensif. C'est le moment psychologique de la traditionnelle charge à la baïonnette.

Le général Suarez-Inclan donne le signal de l'attaque.

Aux cris mille fois répétés de : « *Viva España !* » les braves lignards, entraînés par leurs officiers, s'élancent avec leur valeur accoutumée vers les positions ennemies. Ils parcourent, sous un feu des plus vifs, l'espace qui les sépare des retranchements et culbutent l'infanterie séparatiste qui se défend avec la ténacité du désespoir.

Les retranchements sont enlevés et l'ennemi, chassé de ses positions, bat en retraite.

Au soldat José Martinez, du bataillon des *Baléares*, échut l'honneur de monter le premier à la brèche. Il a été proposé pour la croix de San-Fernando de 2ᵉ classe.

Mais toute victoire s'achète chèrement. Les pertes de la colonne sont de 20 tués, dont 2 lieutenants et 58 blessés, dont 7 officiers. On estime celles de l'ennemi à 190 morts et blessés.

> On voit partout sur eux l'affreux coup du boulet,
> La balafre du sabre...

Après avoir laissé prendre aux troupes un repos dont elles avaient grand besoin, le général ordonna le départ ; on retournait à Bahia Honda. Marche dangereuse et difficile. Il fallait prendre d'assaut les coteaux qui dominaient le chemin et en déloger les insurgés qui tentaient de couper la colonne.

Peu de temps après, Maceo est encore battu à Candelaria par les colonnes du général Serrano Altamira et du colonel Valcarcel.

Le bourg *La Esperanza* (Puerto-Principe) est attaqué et saccagé dans la nuit du 4 au 5 mai par les insurgés du colonel Zayas. Dans la défense, se distingua le P. Caballer, desservant de la localité, en faisant le coup de feu contre les assaillants.

Dans les premiers jours de mai, s'effectuèrent la prise et le sac de Cruces, l'incendie d'Hoyo Colorado, l'investissement infructueux de la Zanja par les insurgés, les rencontres du colonel Segura et du général séparatiste Carrillo à Santa-Clara, et du colonel Molina et de Lacret à Punta-Felipe.

Pendant que Maceo tentait de repasser la *trocha* de Mariel et se faisait battre à Consolacion del Sur, Gomez essuyait un échec à Najara, dans le Camaguey. Il aurait eu, paraît-il, près de 500 morts et blessés (14 juin).

Selon les ordres du général en chef, tout prisonnier insurgé devait être jugé sommairement et condamné à mort ou aux travaux forcés à perpétuité.

Dans le courant de mai eut lieu l'exécution d'un insurgé à la forteresse La Cabana, près la Havane.

Fait prisonnier dans une reconnaissance des troupes

gouvernementales, cet insurgé avait été condamné à mort, sa participation à des incendies ayant été prouvée.

La veille de l'exécution, il est extrait de son cachot et conduit à la salle de justice, où notification de sa sentence lui est faite par le juge rapporteur. Puis il est remis à un piquet de 25 hommes, commandé par un lieutenant en 1er.

Le condamné à mort est mis en chapelle. Là, il reçoit les exhortations de deux carmes. Le matin, il se confesse et entend la messe.

A 7 heures, les troupes sont réunies sur les glacis, le lieu d'exécution. Le *cuadro*, formé des détachements des divers corps de la garnison du fort, est sous les ordres d'un commandant d'artillerie.

Soudain le clairon d'*ordenes* lance le *toque de silencio*.

— *Calen armas!* commande le commandant des troupes.

En un clin d'œil, les baïonnettes scintillent au bout des fusils, semblant jeter une note gaie au milieu de cet appareil funèbre et solennel.

C'est l'approche du cortége.

Les frères de la confrérie *Paz y Caridad* ouvrent la marche lugubre avec leurs longs cierges jaunes.

Le condamné apparaît escorté de deux religieux.

José de Jesus Blanco y Alfonso est un homme d'une taille élevée; il est mince et marque une soixantaine d'années. Son visage est pâle; son pas est ferme.

Il se met à genoux, joint les mains et attend avec calme le moment suprême.

Quatre soldats et un lieutenant s'avancent.

Le piquet d'exécution met en joue; l'officier lève son sabre, puis l'abaisse d'un coup sec.

Quatre détonations déchirent l'air.

Le condamné glisse sur l'herbe la face contre terre.

La fanfare du bataillon de chasseurs des *Arapiles*, n° 9, joue la sonore et funèbre marche du *Tambor de granaderos*,

— 56 —

tandis que le cadavre est reconnu par un médecin, enfermé dans un cercueil et porté par la confrérie au *campo santo*.

Maceo dans l'ouest; Gomez dans le centre et Joseph Maceo dans l'est, se maintiennent dans leurs positions, profitant de la saison des pluies qui ne permet guère d'opérations sérieuses.

La tactique des insurgés étant de faire traîner la guerre en longueur, il est à prévoir que cette lutte est loin d'être terminée. On n'en est qu'à la première période.

Malgré les cinq cents millions de pesetas et les dix mille hommes que lui coûtent chaque année cette guerre, l'Espagne lutte avec persévérance, avec énergie, avec espoir.

D'après les rapports officiels, voici quelles sont les pertes des combattants, du 24 février 1895 au 31 mars 1896 :

COMBATTANTS.	TUÉS.	BLESSÉS.	PRISON-NIERS.	RENDUS avec armes.
Espagnols.... { Officiers..	308	?	?	?
{ Troupe	4.802	?	?	?
Total	5.196	?	?	'
Insurgés..... { Officiers	63	12	16	13
{ Troupe	1.275	1.976	3.518	670
Total	1.338	1.988	3.531	683

Pendant la durée de la saison des pluies, soit de juin à septembre, les opérations actives se suspendent, les adversaires s'observent.

Parmi les innombrables escarmouches, surprises et attaques de convois, un seul fait saillant : le combat indécis près de Naranjo — déjà célèbre dans les annales de la première guerre — entre une colonne gouvernementale et Maximo Gomez.

Octobre. — La saison sèche arrive, apportant une impression de bien-être indéfinissable après la lourde température de la saison précédente.

L'opinion publique surexcitée, impatiente, manifeste son mécontentement de la tournure de la campagne. On maugrée tout bas contre le général Weyler ; on l'accuse d'incapacité ; on fait agir contre lui de hautes influences auprès du gouvernement madrilène.

Décidé à calmer les impatiences fiévreuses et à faire taire les insinuations calomnieuses, le général Weyler prend la direction effective des opérations dans la province de Pinar-del-Rio

C'est là qu'il faut frapper un grand coup, tenter la fortune pour rassurer les esprits inquiets et effrayer les dissidents.

C'est là qu'il faut se lancer à la chasse de cet introuvable Maceo, le traquer, l'acculer à la mer et le forcer à engager une lutte décisive ou à gagner l'étranger.

Quarante mille hommes d'élite sont sous les ordres du général en chef. D'habiles manœuvriers, tels que les généraux Gonzalez Munoz, Suarez Inclan, Echagüe, colonels Segura et Hernandez de Velasco, le secondent activement.

Dans les premiers jours de novembre, le général de division Gonzalez Munoz avait fait sa jonction avec sa 2ᵉ brigade (général Suarez Inclan).

Le thème consistait en une marche en avant sur Manolita, hameau perdu dans la brousse et les escarpements montagneux et situé dans le nord de la province occidentale de Pinar-del-Rio. C'était, paraît-il, l'un des principaux lieux de concentration des insurgés.

Le 4, dès l'aube, la division fractionnée en deux colonnes se mettait en route. La première colonne — aux ordres directs du général de division et composée de deux bataillons d'infanterie, un escadron de cavalerie et une demi-batterie d'artillerie — se portait directement sur Manolita pour l'attaquer de front; le général Suarez Inclan, avec deux bataillons et une section d'artillerie, devait seconder ce mouvement direct par une attaque combinée sur la droite du hameau.

A 10 heures 30, la colonne du général Munoz est assaillie par une violente fusillade partant des collines boisées et de l'inextricable *maniqua* qui entourent Manolita.

L'ennemi — commandé par les ex-bandits Perico Delgado et Perico Diaz, confiant dans sa supériorité numérique et dans les avantages de sa position — fait d'énergiques efforts pour barrer le chemin du village. Tandis que sa première ligne refoule les insurgés par un mouvement de front, le général Munoz brusque l'attaque en jetant sa cavalerie sur les séparatistes qui ne cèdent le terrain que pied à pied.

A 5 heures, l'objectif était atteint, Manolita était aux mains des troupes royales, les insurgés se retiraient précipitamment dans la *sierra*. Les pertes espagnoles s'élevaient à 2 tués et 26 blessés dont 2 officiers.

Plus difficile fut la marche de la 2ᵉ brigade. Sur sa route s'élevait le village de Lechuza, repaire favori de l'ennemi.

La possession de cet endroit était d'une importance capitale.

Grande fut l'opiniâtreté des défenseurs, mais si grande qu'elle fût, elle ne put résister à un mouvement enveloppant des Espagnols qui se rendirent maîtres du bourg.

Le soir, à la tombée de la nuit, la colonne arrivait en vue de Manolita, non sans avoir été harcelée incessamment par l'ennemi caché dans la brousse.

Les opérations se poursuivaient avec ardeur, les rencontres se succédaient, les destructions de campements insurgés se suivaient, mais Maceo restait toujours introuvable.

Rien, pas le moindre indice.

Supposait-on qu'il était dans le nord de la province,

aussitôt sa présence était signalée sur un point opposé. Et la chasse continuait de plus belle sans jamais trouver le gibier au gîte.

Les uns assuraient que le mulâtre, abandonnant ses compagnons d'armes, s'était embarqué pour les Etats-Unis ; d'autres prétendaient que sa position était des plus critiques, qu'il était blessé, sans vivres, sans munitions et songeait à résigner son commandement.

Et toujours on se demandait anxieux :

« Qué es de Maceo ? »

Mais voici qu'au milieu de décembre, le câble transmet une nouvelle incroyable, étourdissante, vertigineuse :

Maceo est mort !

Plus de doutes. La confirmation ne tarde pas à venir.

Ce fut alors, dans toute l'Espagne, un tressaillement d'allégresse, un cri de triomphe, des démonstrations d'une joie enthousiaste, échevelée, délirante.

On n'avait plus à craindre le plus actif et le plus populaire *cabecilla* de l'insurrection.

Sa mort n'allait-elle pas entraîner celle-là dans sa tombe ?

Le commandant Cirujeda, — à la tête d'un détachement d'infanterie de 200 hommes, — avait eu un engagement avec une forte bande insurgée au nord, non loin de la côte, dans une zone limitrophe de la province de la Havane.

Cette colonne était celle de Maceo qui, par fractions disséminées, avait réussi à passer la ligne de fortifications de Mariel-Majana.

Grâce à leur nombre, le succès allait peut-être sourire aux séparatistes, lorsque soudain ces derniers se débandent.

C'est une panique subite.

C'est un sauve-qui-peut général.

La clef de l'énigme fut découverte, lorsqu'on reconnut étendu, sans vie, le corps du général insurgé Maceo. A côté du cadavre gisait celui de son officier d'ordonnance, le lieutenant Gomez, fils du généralissime séparatiste.

Dans une poche de sa vareuse, on trouva un billet portant la suscription suivante : « Ami ou ennemi, veuillez envoyer ce billet d'un mort à Saint-Domingue. »

Le contenu, écrit au crayon, était ainsi conçu :

« Mes chers parents,

» Je meurs à mon poste. Je ne veux pas abandonner le corps du général Maceo ; je reste avec lui. J'ai reçu deux blessures ; pour ne pas tomber aux mains de l'ennemi, je me suicide. Je le fais avec joie pour l'honneur de Cuba.

» Adieu, êtres chéris. Vous serez aimés dans l'autre vie comme dans celle-ci par votre

» Francisco GOMEZ. »

Honteux de laisser le cadavre de leur chef aux mains espagnoles, excités à la vengeance par leurs officiers, les séparatistes se rallient et tentent un retour offensif. Les Espagnols sont contraints de battre en retraite, laissant aux insurgés le cadavre du célèbre mulâtre.

Dès lors, le commandant Cirujeda devint le héros du jour.

Celui qui le suivit sur le premier plan de l'actualité fut le docteur Dertucha, médecin militaire attaché au quartier général séparatiste. On apprenait qu'il venait de passer en transfuge aux Espagnols.

Aussitôt, la presse yankee l'attaqua vivement en lui décernant les épithètes peu flatteuses de traître, assassin, empoisonneur.

Une lettre du docteur au *New-York Herald* proteste avec indignation contre ces attaques, et jette un jour peu favorable sur l'entente des chefs du mouvement insurrectionnel.

La mort de Maceo était une invraisemblance pour certains séparatistes.

Est-ce que les demi-dieux comme lui meurent?

Quand la nouvelle ne put être niée davantage, on donna libre cours à l'imagination.

Maceo tué dans un combat?

Allons donc!

N'était-il pas invulnérable?...

Et les légendes de la première guerre s'entassaient les unes sur les autres.

Il fallait y joindre l'auréole du romanesque.

Quelques-uns affirmèrent que Maceo avait été empoisonné par des traitres; d'autres, qu'il avait été frappé par une main criminelle à l'instigation espagnole; certains ajoutaient qu'il avait été assassiné par les Espagnols en se rendant à une conférence pour traiter de la pacification.

On rapprochait avec force commentaires cet «assassinat» avec la mort mystérieuse du frère puiné du *héros* pleuré, José Maceo. Les rapports officiels constataient que ce dernier avait été tué dans une rencontre avec les troupes gouvernementales dans l'est de l'île; les insurgés ne voulaient y voir que l'intervention du poignard, du poison ou de la trahison.

Certains *héros* de café-concert ont besoin de ces hyperboles pour les grandir aux yeux avides du public.

Heureusement que la rigide histoire est là pour mettre le holà à ce débordement de fictions.

Maceo mort, le plan de campagne du général Weyler commençait à porter les fruits si impatiemment attendus.

La mort du *cabecilla* était un coup mortel à l'insurrection. La pacification de l'ouest n'était plus qu'une question de temps.

L'opinion publique est insatiable d'émotions, de changements.

Il lui faut sans cesse des victimes à clouer au pilori.

Elle aime surtout à s'attaquer à ceux qui détiennent

une parcelle d'autorité quelconque, à les renverser de leur piédestal, à leur enlever leur prestige.

Après le chevaleresque Martinez Campos, le général Weyler.

On critiquait ses actes; on doutait de son plan de campagne.

On voyait son rappel comme chose certaine; on lui désignait déjà un successeur.

Heureusement que le ministère Canovas del Castillo s'est souvenu que *vox populi* n'est pas toujours *vox Dei.*

Moins heureuses étaient les armes espagnoles dans le centre, dans la partie de la province de Puerto-Principe appelée Camaguey.

Le 17 octobre, le généralissime séparatiste Gomez bloquait la petite ville de Guaimaro. Il avait sous ses ordres 5.000 hommes; il était pourvu de trois canons. La garnison espagnole se composait de 83 hommes; les fortifications de la ville étaient en pitoyable état.

Qu'importait?

Souvent la valeur supplée à tout.

Le troisième jour du siège, un blockhaus tomba entre les mains des séparatistes, mais fut repris le lendemain par les Espagnols dans une brillante sortie.

Mais les munitions manquaient, les vivres devenaient rares, les morts succédaient aux morts, les blessés et les malades ne se comptaient plus. La faim sévissait dans la population civile.

Gomez ne cessait d'envoyer des parlementaires proposer la capitulation à des conditions honorables.

Enfin le onzième jour, il fallut céder et arborer le drapeau blanc.

La garnison se rendit, elle fut désarmée et renvoyée dans ses foyers.

Les Espagnols avaient eu 10 morts, les insurgés 3 tués et 22 blessés dont 4 officiers.

Quand le général Jiménez Castellanos, commandant militaire de district, voulut secourir Guaimaro, il était trop tard.

Depuis deux jours, la ville avait capitulé.

Déjà les insurgés étendant leur zone d'influence menaçaient Cascorro.

C'est une petite ville de 1.700 habitants défendue par quelques blockhaus et située à l'est de la province de Puerto-Principe.

Une bicoque dans un désert.

Il fallait ravitailler et relever la garnison.

Le 3 novembre, la colonne sortait de Minas dans l'ordre de formation suivant :

Quartier général.
{
Commandant de la colonne : général de division Jiménez Castellanos ;

Chef d'état-major : lieutenant-colonel d'état-major Bellod ;

Officiers d'ordonnance : capitaine Aguilar ; lieutenants Adolphe et Raymond Jiménez Castellanos.
}

Bataillon d'infanterie *Maria-Cristina*, n° 63 : lieutenant-colonel Segura ;

Bataillon d'infanterie *Constitucion*, n° 29 : lieutenant-colonel Peinet ;

Bataillon d'infanterie *Tarragona*, n° 67 : colonel Gomez de Ruberté ;

Bataillon de chasseurs de *Cadiz*, n° 28 : lieutenant-colonel Cruz Gonzalez ;

Section d'artillerie : lieutenant Gomez Romeu ;

Compagnie du génie : capitaine Ortiz de Zarate ;

Guerilla montée de tirailleurs volontaires du Camaguey : capitaine Aguirre ;

Compagnie d'auxiliaires du train des équipages conduisant les mulets de bât : officier d'administration militaire de 1re classe Madariaga.

La colonne s'engage à travers une région parsemée de ravins, hérissée de savanes, brillante par sa végétation et aussi par l'absence d'eau et de routes. Les sentiers encaissés par lesquels on est obligé de passer constituent de véritables coupe-gorge.

Des deux côtés du chemin part une fusillade ininterrompue. Huit fois, la division est contrainte de s'arrêter pour faire face aux attaques de cet ennemi invisible et détruire les obstacles de toutes sortes accumulés par l'ennemi sur le chemin.

Dans un *ingenio* à proximité, les séparatistes se sont établis fortement et dirigent un feu meurtrier sur les troupes espagnoles.

Le général Castellanos y lance une partie de son infanterie.

C'est alors que les insurgés ayant réussi dans leur diversion, tentent une charge au *machete* sur le convoi administratif.

Le combat devient acharné. Espagnols et insurgés

« .... que la fureur assemble,
» Avancent, combattant, frappant, mourant ensemble. »

Mais l'artillerie jette le désarroi dans les hordes séparatistes et la position est enlevée à la baïonnette. On bivouaque sur le terrain de l'action. Pendant la nuit, ce ne sont qu'alertes continuelles, coups de feu incessants. Les avant-postes sont sur les dents.

Le lendemain, on se remet en marche, toujours harcelé par les insurgés ; la colonne faisait son entrée le soir dans Cascorro. Après un jour de repos, elle regagnait non sans peine le chemin de Minas avec 30 tués et 118 blessés dont 2 officiers.

Dans le centre, on a encore à enregistrer les engagements avantageux à Calabazar du colonel Manrique de Lara avec les insurgés, et l'attaque infructueuse du bourg du Condado par la colonne séparatiste du général Sanchez.

Depuis le commencement de 1897, le général Weyler s'est retourné contre le généralissime insurgé Gomez opérant dans le centre. Le gouverneur général sera-t-il aussi heureux dans cette nouvelle campagne que dans la précédente?

C'est que Gomez est un jouteur de première force.

On a dit avec raison : l'insurrection cubaine n'est pas à Cuba, elle est aux Etats-Unis.

C'est de la grande République que partent d'incessantes expéditions d'armes, de munitions; dans l'opinion publique, dans la presse, jusque même dans le congrès américain, la cause des séparatistes est en grande faveur.

L'attitude provocante de la commission des affaires étrangères du congrès fit naître en décembre maintes hypothèses. On parlait d'une rupture diplomatique; on disait tout bas que les Etats-Unis et l'Espagne hâtaient leurs armements; de vagues bruits de guerre étaient en l'air.

A une adresse du pouvoir législatif invitant l'exécutif à intervenir à Cuba, à reconnaître les insurgés comme belligérants, le président Cleveland — dont le mandat touchait à sa fin — déclara que l'attitude du gouvernement américain à l'égard des séparatistes cubains ne devait pas être modifiée, car la situation n'avait pas changé. Cependant il déplorait la continuation de l'état de choses actuel nuisible aux intérêts américains et désirait que l'Espagne y mit fin le plus tôt possible.

Ce message vague ne découragea pas les partisans des insurgés; ils espéraient un changement de politique avec l'élection d'un nouveau président.

Le 11 février 1897, on apprenait les résultats des élections présidentielles. M. Mac-Kinley, candidat républicain et protectionniste, était élu par 271 voix contre 176 suffrages donnés à M. Bryan, porté par le parti démocrate et libre-échangiste.

Des cris de victoire furent poussés par les séparatistes :

le nouveau président passait pour favorable à l'indépendance ou à l'annexion américaine de Cuba.

« C'est le triomphe de Cuba libre, affirmaient gravement les *jingoïstes*. »

Déjà on comparait les forces militaires et navales de l'Espagne et des Etats-Unis; déjà on supputait les chances de succès; déjà certains généraux yankees — auxquels les antichambres sont plus familières que les campagnes — parlaient ni plus ni moins que d'opérer une descente à Cuba avec une poignée d'hommes et de tailler en pièces le général Weyler et son armée.

On tombait dans le grotesque.

Le message de M. Mac-Kinley vint calmer les esprits. Il déclarait que les Etats-Unis poursuivraient une politique étrangère ferme, digne, juste et impartiale, attentive à sauvegarder l'honneur national, et exigeant partout le respect des citoyens américains. Le gouvernement était hostile à toute guerre de conquête et préconisait l'arbitrage comme le véritable moyen pour régler les contestations internationales.

C'était prudent et judicieux.

Ce fut une douche d'eau froide sur les séparatistes dont les rêves étaient dissipés.

Ce langage mesuré recueillit tous les suffrages et on augure favorablement de l'élection Mac Kinley qui vient de donner des gages d'une politique circonspecte et conciliante.

Sous la pression des événements et de violentes campagnes de presse, le gouvernement madrilène a publié dans la *Gaceta oficial* du 8 février plusieurs décrets accordant des réformes à Cuba.

On y crée un *consejo de administracion* ou assemblée législative, composé de 27 membres dont 21 élus par les insulaires et 6 nommés de droit. Ce conseil aura le droit d'élaborer et d'arrêter le budget colonial et de fixer le tarif douanier, moyennant le maintien de certains avantages pour les importations espagnoles. Une plus large décentralisation municipale, provinciale et administrative sera accordée. Le gouvernement espagnol sera représenté par un gouverneur général qui nommera les fonctionnaires insulaires et péninsulaires.

Malheureusement ces réformes viennent un peu tard. En Espagne, on a l'étrange défaut de ne faire des concessions aux colonies que par la force des choses.

S'il en avait été autrement, l'immense étendue qui va du Mexique au cap Horn ne serait-elle pas encore possession espagnole?

Y aurait-il eu les insurrections de Cuba et des Philippines?

En somme, ces réformes sont plus apparentes que réelles; elles modifient sans améliorer; elles visent l'autonomie sans l'accorder franchement.

C'est un piétinement sur place qui ne paraît pas satisfaire les chefs de l'insurrection si on en croit leurs interviews avec des reporters yankees. Le marquis de Santa-Lucia et le généralissime Gomez jugent ces réformes insuffisantes et déclarent qu'ils ne déposeront pas les armes avant d'avoir obtenu leur indépendance.

De son côté, le ministère Canovas est fermement décidé à ne promulguer ces décrets qu'après la pacification complète de la plupart des provinces cubaines.

Si les uns et les autres persistent dans leur tenace opiniâtreté, l'état de choses actuel n'est pas près de se terminer.

Puisse cette lutte sanglante et fratricide s'achever bientôt pour le bien de la colonie et de la métropole!

L'Espagne aura prouvé au monde étonné qu'elle sait supporter stoïquement les grands sacrifices et que vaillante dans la prospérité, elle sait être héroïque aux heures sombres de l'Histoire.

D'ailleurs bon sang ne peut mentir.

Quand on voit une nation couvrir — et au delà — avec l'empressement des Espagnols l'emprunt du gouvernement; quand on voit la population de la Grande-Antille répondre avec tant de spontanéité au généreux appel de la presse cubaine pour soulager les souffrances du soldat, on est en droit de s'exclamer avec admiration :

.... Qu'aurait-elle fait prospère?

VI

L'avenir de Cuba.

Le cœur de tout être amant de la liberté a battu avec force, lorsque la malheureuse Pologne revendiquait son ancienne indépendance; lorsque l'héroïque Grèce secouait le joug ottoman; lorsque la catholique Belgique voulut rompre les liens qui l'attachaient à la calviniste Hollande. Oppressées, ces nations entières, unies, voulaient vivre indépendantes ou mourir les armes à la main.

Ce n'est pas Cuba entière qui demande l'indépendance, c'est un parti.

Tandis que le maintien du *statu quo* est désiré par les *constitutionnels*, les *réformistes* demandent le dégrèvement des impôts qu'ils trouvent exorbitants, blâment les restrictions politiques vis-à-vis des créoles et se plaignent de l'administration coloniale espagnole, qui, il faut l'avouer, n'est pas un modèle digne d'imitation. Posséder une autonomie semblable à celle du *Dominion of Canada* est le rêve des *autonomistes*. C'est, selon eux, le seul régime qui puisse assurer à Cuba les libertés économique, politique et administrative. Le but poursuivi par les *séparatistes* est d'obtenir l'indépendance de Cuba et de préparer celle de Puerto-Rico. Ils méditent l'établissement d'une république et promettent la plus grande somme de libertés.

Cuba conservera-t-elle la domination espagnole, sera-t-elle annexée aux Etats-Unis ou au Mexique, ou deviendra-t-elle indépendante?

Il est manifeste que l'Espagne luttera jusqu'à son dernier soldat et jusqu'à son dernier *cuarto*, non seulement par amour-propre, mais parce que ses intérêts dépendent de l'issue de l'insurrection. Une grande partie des capitaux espagnols étant engagés à Cuba, la perte de la colonie pour l'Espagne l'entraînerait dans une catastrophe financière et commerciale bien plus funeste que tous les sacrifices en hommes et en argent faits pour conserver la perle des Antilles. L'insurrection domptée, il suffira d'un certain laps de temps pour combler la brèche faite dans les finances de l'État.

La faveur dont jouissent les séparatistes chez les Yankees n'est un mystère pour personne. A la Chambre des représentants, on fait des vœux pour le succès de la Révolution cubaine; on demande pour les insurgés la reconnaissance du droit des belligérants et on voit le public manifester sa haine pour l'Espagne et se passionner pour tout ce qui a trait à Cuba et à ses révolutionnaires.

Quel est l'intérêt qui guide les Américains? Est-ce dans le but philanthropique de mettre fin à une lutte sanglante?

Le désintéressement est chose si rare au xixe siècle et si étrange de la part d'un nation marchande et égoïste, d'une nouvelle Carthage!

Interrogeons l'Histoire, ce juge impartial des peuples.

Ne voyons-nous pas, en 1848, le président des États-Unis Polk offrant d'acheter Cuba?

Ne remarque-t-on pas ensuite les incessantes immixtions yankees dans les conflits qui éclatent entre l'Espagne et sa colonie?

Et, lorsqu'un homme politique américain s'écrie que « le Canada et l'île de Cuba, deux pommes à la portée des États-Unis, tomberont dans son giron dès qu'elles seront mûres », est-il permis d'avoir des doutes sur les intentions réelles des Yankees?.....

Après les annexions de la Louisiane, de la Floride, du Texas, de la Californie et du territoire d'Alaska, viendra celle de l'opulente Cuba, convoitée des États-Unis.

« L'Amérique aux Américains », adage du président Monroë, doit se traduire : l'Amérique aux Etats-Unis.

En attendant l'heure de l'annexion, l'insurrection cubaine est considérée comme un article de commerce.

L'Amérique du Nord est avant tout le pays des affaires.

Il n'a pas été difficile au délégué Marti de créer aux Etats-Unis un grand courant de sympathie pour les séparatistes. Le tarif économique du ministre espagnol des colonies Becerra était trop récent à l'esprit des Yankees. Marti profita de cet état de choses pour tâcher d'obtenir du gouvernement américain son idéal : la reconnaissance des insurgés au droit des belligérants.

Pour être admis à ce droit — selon les principes de droit international, — il est nécessaire d'exercer son influence sur une certaine étendue de territoire ; de posséder une ville où résident le gouvernement constitué et les services publics ; d'avoir un port entretenant des communications régulières avec l'étranger. Il faut que cela présente un caractère de stabilité ; il faut que ce gouvernement soit le vœu de la nation.

Les séparatistes cubains réunissent-ils ces conditions ?

C'est un fait avéré qu'ils rayonnent sur la majeure partie de l'île et qu'ils ont un gouvernement provisoire. Mais jusqu'à présent ils ne possèdent ni ville ni port d'une manière durable.

A l'instar des Etats-Unis, le Mexique vise à l'annexion de Cuba. Il vient de se constituer dernièrement à Mexico un parti ayant pour but l'annexion cubaine au Mexique. Ce comité base ses prétentions sur l'identité d'origine des deux pays.

En admettant que la fortune couronne les efforts de la Révolution, bien que toute insurrection à laquelle fait défaut l'élément militaire échoue invariablement, ce résultat, loin de terminer la guerre, allumerait une nouvelle lutte entre les blancs et la race de couleur. Le dernier vestige de la race latine disparaîtrait de Cuba, pays trop inexpérimenté pour se gouverner par lui-même. Cuba indépendante présenterait le spectacle atroce ou grotesque d'une république haïtienne où l'antagonisme des races se dispute le pouvoir comme une proie.

Aujourd'hui, c'est la lutte sans merci, la dévastation, le pillage; demain, ce sera l'anarchie, la guerre d'extermination entre les races au lieu de la liberté et de l'unité rêvées.

Alors les Yankees — gens pratiques, — interviendront, montrant dans l'annexion l'ère de paix et de bonheur, l'idéal de tous les peuples.

Ce sera *l'ultima ratio*.

FIN

TABLE

Paris et Limoges. — Imp. militaire Henri Charles-Lavauzelle.